PETER WEHLE

Die Wiener Gaunersprache

von Auszuzln bis Zimmerwanzen

Ueberreuter

Die Deutsche Bibliothek – CIP-Einheitsaufnahme

Wehle, Peter:
Die Wiener Gaunersprache : von Auszuzln bis Zimmerwanzen /
Peter Wehle. – Wien : Ueberreuter, 1997
ISBN 3-8000-3665-7

AU 0411/1

Umschlagillustrationen: Die Gauner Wiens beschließen,
sich anläßlich der Weltausstellung 1873 zu organisieren.
Zeitgenössische Karikatur, kolorierte/Privatarchiv Hänsel

Printed in Austria
1 3 5 7 6 4 2

Wie kommt man auf dieses Thema?

Meschugge, wie Kabarettisten, Bücherschreiber und manch andere „Freischaffende“ schon sind, kam ich auf die Idee, in sehr vorgeschrittenem Alter noch einmal auf die Universität zu gehen. Der Wiener Dialekt, die Wissenschaft von den Dialekten überhaupt, hatte mein besonderes Interesse erregt.

So kam ich zu den Germanisten und lernte *Eberhard Kranzmayer* kennen. Ein echter Kärntner – das ist er bis zu seinem Tod im Jahr 1975 geblieben – mit einem umwerfenden Sprachtalent. Er hielt an der Universität Wien überaus interessante Vorlesungen, die ich einige Semester lang in der Art besuchte, wie andere Leute ins Kino oder ins Theater gehen.

Wir wurden miteinander bekannt und kamen darauf zu sprechen, daß bemooste Häupter wie ich, die außerdem einem Beruf nachgehen, nur in seltenen Fällen ein zweites Universitätsstudium ernst nehmen und beenden. Was ich denn als junger Mensch studiert hätte?

Jus. (In Deutschland: Jura.) Als Werkstudent, fügte ich stolz hinzu.

Werkstudent?

Ja. Barpianist. In Prag und Wien. War eine interessante Zeit: zusammen mit vielen lichtscheuen Gestalten, Animierdamen, Zuhältern, Hochstaplern ... Zwei Monate, während der Semesterferien, verdiente ich genug, um dann wieder vier Monate in Wien studieren zu können.

Die nächste Frage – nach einer Minute Nachdenken –, ob es mir ernst sei mit diesem jetzigen Studium der Germanistik, ob ich die Zeit für eine Dissertation erübrigen könnte.

Ich weiß nicht ... Vor allem: Was sollte ich denn als Thema nehmen?

Da zog mich Kranzmayer in eine Ecke der Aula und wurde ganz persönlich und hatte sichtlich etwas auf dem Herzen:
Er habe seit langem ein Dissertationsthema in petto, das er aber keinem „normalen" Studenten geben könne. Vielmehr müsse der, dem er es anvertrauen würde, drei Bedingungen erfüllen, und er habe bisher noch keinen Kandidaten gefunden, der das vermochte.
Es war richtig spannend, wie in einem Märchen, wo dem jungen Burschen drei Aufgaben gestellt werden, nach deren Lösung er die Königstochter bekommt.
Also: erstens sollte der Kandidat schon ein älteres Semester sein, zweitens sollte er mit dem Strafrecht vertraut sein und drittens sollte er Mittel und Wege wissen, sich mit echten Gaunern in Verbindung zu setzen.
Ich war – ganz ehrlich gesagt – einigermaßen verblüfft: Das traf alles auf mich zu. (Über den letzten Punkt werde ich noch berichten.) Aber was war das für ein Thema?
Jetzt war Kranzmayer richtig aufgeregt: „Wollen S' über die Wiener Gaunersprache arbeiten? – Ich kann keinen jungen Hörer damit beauftragen, weil der Einfluß der Leut, die er ausfragen muß, schädlich sein könnt. Ich brauch juristische Kenntnisse, weil es eine Paragraphensprache gibt, zu der man das Gesetzbuch einigermaßen kennen muß, und endlich: Wie soll ein ‚Normaler' dazukommen, echte Gauner zu finden und zu befragen?"
Nun – ich habe natürlich ja gesagt, und das Resultat dieser Unterredung liegt – in stark überarbeiteter Form – vor Ihnen.

Gaunersprachen im allgemeinen

In jeder Sprachgemeinschaft gibt es soziale, berufliche, durch Sonderinteressen zusammengewürfelte Gruppen, die ihre eigene Sprachform entwickeln; sie unterscheidet sich durch den Wortschatz und durch eigene Redewendungen von der Standardsprache. Oft hat sie den Charakter einer Geheimsprache. Jedes gehobene Fachsimpeln gehört schon dazu, aber am stärksten sind die Eigenheiten bei den Gaunersprachen ausgebildet, weil sie ja ursprünglich den Zweck hatten, gewisse Nachrichten unverständlich für Außenstehende zu machen.

Ärzte reden ja auch nicht deutsch, wenn Unberufene zuhören. Sie reden lateinisch.

Einer meiner Ärztefreunde erzählt gerne die Geschichte, wie ihn in der Straßenbahn ein biederer Mann ansprach, er, der Arzt, habe ihm einst durch ein geheimes Zauberwort das Leben gerettet. „So?" wunderte sich mein Freund, „was hab ich denn zu Ihnen gesagt?"

„Ich weiß es noch ganz genau: Ich bin zum Sterben gewesen im Krankenhaus, ganz furchtbar elend, und dann sind Sie zur Visite gekommen, Herr Professor, haben mich ganz scharf angeschaut, und dann haben Sie gesagt: Moribundus! – Und gesund bin ich worden!"

„Moribundus" ist lateinisch und heißt: ein Sterbender. Wie gut, daß der Biedere die Fachsprache der Ärzte nicht kannte!

Gaunersprachen sind also Varianten der Gemeinsprache. Für sie ist das Motiv der Geheimhaltung maßgebend. Sie ordnen sich grammatikalisch und syntaktisch der Alltagssprache ein, und daher sind nur ihr abweichender Wortschatz und ihre spezifischen Redewendungen zu untersuchen.

Das aber soll im folgenden recht gründlich geschehen. Und wenn auch die Forschungen in Vermutungen ausarten.

Die Sprache der „Wiener Galerie" im besonderen

Warum nennen sich die Wiener Gauner selbst *Galeristen?* In den wenigen Fachbüchern, die man zu diesem Thema wälzen kann, finden sich nicht einmal Erklärungsversuche. Aber bei Unterredungen mit stolzen Mitgliedern dieser Gilde waren zwei Meinungen zu hören:

Das Opernpublikum – natürlich früher, heute gilt das längst nicht mehr – gliederte sich in drei verschiedene Gruppen: da waren die Logenbesucher, die Aristokraten, der Geldadel; dann das Parkett, wo die Bürgerlichen und allenfalls wohlhabende und kunstverseuchte Handwerker saßen; und endlich die Galerie, auch „der Juchhe" genannt. Dort gab es Säulensitze, hinter denen man überhaupt nichts sah, dort gab es keine feierliche Kleidung, weil man es eben „nicht hatte", und von dort könnte sich das Wort Galeristen herleiten, eben von den Parias, den Ausgestoßenen, von denen, die nicht mehr dazugehören.

Die zweite Erklärung scheint viel „gaunertümlicher": Hinter dem Kartentisch, an dem ein (ländliches oder sonstiges) Opfer durch Falschspielen gerupft oder geschoren werden sollte, bildete sich oft eine Reihe von Zundgebern, also von Herren, die den rupfenden Kartenkünstler mit Informationen teils über das Blatt des Opfers, teils über von außen dräuende Gefahren versorgten. Und dieser Halbkreis soll auch „Galerie" geheißen haben. Der alte Häfenbruder, der mir das in ei-

nem Tschecherl in den enteren Gründen erzählte, war seiner Sache sehr sicher – aber er war der einzige, der das behauptete.
So möge sich jeder seine eigene Meinung bilden.
Ich selbst würde die „richtige" Erklärung gern so sehen: Schon lange gibt es bei der Polizei Sammlungen von Photographien der Stammkunden; in Fachkreisen, also bei den Betroffenen, haben sie den Spitznamen „Galerie" – d. h.: Bildergalerie – erhalten. Galerist ist somit der, dessen Konterfei amtlich gepflegt und aufbewahrt wird, im Profil und en face, meist mit einer Kennnummer, auf die manche Galeristen sogar stolz sind, weil sie das Zeichen ist, daß der Abgebildete sich einbilden kann, zur „Zunft" zu gehören.
Die Sprachvariante der Wiener Unterwelt setzt sich aus rotwelsch-jiddischen Ausdrücken, aus Lehnwörtern der Nachbarsprachen und lokalen Mundartausdrücken zusammen, die bei den Galeristen vielfach eine andere Bedeutung als im gängigen Wiener Dialekt haben. Beispiele werden folgen.

Und wie fängt man an?

Gaunerwörterbücher gibt es natürlich schon lange. Da gibt es zum Beispiel den „Polizeilichen Schutz und Trutz nebst einem Wörterbuch der Diebessprache" von *Chr. Rochlitz,* 1839 in Erfurt erschienen. Dann gibt es ein Buch von *Rudolph Fröhlich:* „Die gefährlichen Klassen Wiens", 1851. Das war schon viel interessanter. Dort fand ich zum Beispiel eine Erklärung für den Ausdruck *müllisieren* (verhaftet werden), die mir sehr wahrscheinlich scheint; auf Seite 137 steht der Satz: „In den Gefängnissen ist das hauptsächliche Unterhaltungsspiel der lange Puff, auch Mühle ziehen genannt."

Später gibt es immer mehr Wörterbücher mit Gaunerfachausdrücken, aber meist sind sie zu dem Zweck hergestellt worden, der Obrigkeit Behelfe zur Kontrolle der Unterhaltung und vor allem der Korrespondenz von Strafhäftlingen zu bieten.
Das letzte mir bekannte Werk über die Gaunersprache der Wiener Galerie stammt aus dem Jahr 1968, ist von einem pensionierten Wiener Kriminalbeamten namens *Julian Burnadz* und wurde in Lübeck verlegt.
Aber was stimmt in diesen Büchern? Vielleicht sind da erfundene Wörter aufgezeichnet, Spontanbildungen einer Verbrecherbande oder uralte, nicht mehr gebrauchte Ausdrücke? Ich sollte – bei meiner Dissertation – doch eine Bestandsaufnahme der Gaunerwörter aus der Mitte des 20. Jahrhunderts geben.
Nein – da half mir kein Kaiser und kein Claudius und kein Gott, ich mußte eine Zettelkartothek anlegen, ich mußte Galeristen befragen, nach geeigneten Verbindungen suchen und mich vor allem ins Nachtleben stürzen.
Zunächst mußte ein Fahrplan erstellt werden, die „Diss" (Studentenabkürzung für Dissertation) sollte ja einen Aufbau haben, geeignete Literatur mußte gefunden werden. Die Hilfe der Herren Assistenten war mir sicher. Und dann mußte mir ein bißchen Publicity zu weiteren „Quellen" verhelfen; ich fand auch wirklich interessierte Journalisten, die Artikel über mein Vorhaben verfaßten, und als Reaktion trafen viele Briefe ein, die wiederum der Zettelkartothek auf immer weitere Beine halfen.
Na ja – es wurde geschrieben, umgeschrieben, kritisiert, nochmals geprüft, und dann war die Diss nach vier Jahren fertig.
Das steht da in zwei Zeilen. Und es sagt nichts über die wichtigste Arbeit: die Gespräche mit Gewährsleuten und – vorher noch – das Finden von Gewährsleuten.

Man sucht Gewährsleute

Es waren viele interessante Typen dabei. Ich interessierte mich immer zuerst für ihr privates Schicksal und lud sie zu einem möglichst alkoholischen Getränk ein. Beides löst die Zunge und bringt Ergebnisse.
Ob wohl der Kofferraum-Emmerich noch lebt? Er war ein verkrachter Akademiker, und ich lernte ihn bei einem Sommerurlaub in Tirol kennen. Er lebte davon, daß er nachts in unversperrten Kofferräumen Gegenstände „fand", die er an einen Gajer in Innsbruck verlängerte (also: einem Hehler übergab), und ab und zu fuhr er kassieren. Er profitierte vom Leichtsinn der Touristen und hatte seine Gaunerdialektkenntnisse erst bei seinen zwei Verurteilungen in der Strafhaft begründet. Einmal, so erzählte er mir, war er vier kalte Nächte unterwegs, ohne auch nur einen einzigen offenen Kofferraum zu finden. Endlich hatte er Glück: ein Nobelwagen – der Kofferraum weit offen und prall gefüllt! Da naht sich in eifrigem Gespräch der Eigentümer. Emmerich, schnell gefaßt, packt den Stier bei den Hörnern und macht den Herrn auf seinen unverzeihlichen Leichtsinn aufmerksam. Dieser, bestürzt und beschämt und von der Anständigkeit des Warners überzeugt, schenkt ihm zweihundert Mark, mehr als er in der ganzen abgelaufenen Woche „verdient" hatte.
„So eine Masen", kommentierte Emmerich am nächsten Tag den Vorfall, „so eine Masen werd ich nicht bald wieder haben."
Er hatte natürlich keine Ahnung – wozu auch –, daß *Masen* eine Wiener Nebenform von *Massel,* also Glück, ist und auf ein hebräisches Wort *masol* zurückgeht, was Glücksstern bedeutet. Und der *Gajer* kommt von dem jiddischen *gaies,* was soviel wie „niedriges Volk" bedeutet, aber nicht mit dem bekannten Goj =

Christ verwechselt werden darf. Es wird mit hellem a gesprochen; die jüngeren Ganoven aber unterscheiden es in der Aussprache nicht mehr von dem aasfressenden Vogel. Der neue Ausdruck für den Hehler lautet: *Verdraher.*

Viel, sehr viel hab ich in einem kleinen Gasthaus in Kagran gelernt.

Pächter war der Willy Abermann, und der war mir von einem Kriminalbeamten empfohlen worden. Als ich mit etwas Bauchweh und sehr schüchtern eintrat, wurde ich von Chef Willy sehr freundlich und per du wie ein alter Kampfgenosse begrüßt. Er war auch wirklich der Meinung, daß ich irgendwo mit ihm eine Zellteilung vorgenommen hatte, aber bald stellte sich heraus, daß ich Jahre vorher gelegentlich einer Gulaschhüttentour mit Qualtinger mit ihm Bruderschaft getrunken hatte, und so stand er mir „altem Freund" vom ersten Moment an mit sehr viel Offenherzigkeit und großem Verständnis gegenüber.

Wir unterhielten uns am ersten Tag über die Polizei. Ich erfuhr, daß man die Polizei *Kieberei* oder *die Höh* nennt, daß der verhaftende Beamte als *Zangler* bezeichnet wird, weil die Handschellen sehr logisch als Zangeln, also Zangen (sie heißen auch *Achter),* bekannt sind, und ich lernte ohne Namensnennung einen Herrn kennen, der in den dortigen Kreisen als „Kabelspezialist" geradezu Weltruhm genoß:

In längst vergangenen Zeiten pflegte dieser erfindungsreiche Herr die Eigentümer von nicht allzugut gesicherten Wohnungsschlössern durch ein Telegramm, also ein Kabel, zu einer Besprechung zu berufen. Während ihrer Abwesenheit war es natürlich für ihn ein leichtes, in den Wohnungen ungestört einen *Bären zu reißen,* das ist: einen Safe auszuplündern.

Warum ein Geldschrank ausgerechnet mit einem Bären

verglichen wird, habe ich etymologisch nicht herausgekriegt – es muß wohl das bildhafte Vergleichswort, die Ähnlichkeit, die Metapher gewesen sein. Man könnte den Bären aber auch vom jiddischen *peri*, Erwerb, ableiten. Man könnte – aber man muß nicht. Ein paar jüngere Ganoven haben den Ausdruck *Tsafe* oder *Safe* (gesprochen wie geschrieben) gebraucht, was wohl auf die mangelhafte Englisch-Aussprache-Kenntnisse mancher Unterweltler zurückzuführen ist.
Beim Willy war ich noch ein paarmal, und immer gab es reiche Beute für mich. Er lebt jetzt ganz woanders und wird sicher schmunzeln, wenn er diese Zeilen je zu Gesicht bekommt.

Ein makabres Interview

Der hilfreiche Oberkellner einer Wiener Nobelbar vermittelte mir einmal die Bekanntschaft eines blitzgescheiten, sehr gut gekleideten jungen Mannes, der mir in fehlerfreiem Schriftdeutsch ganz verblüffende Definitionen lieferte.
So erklärte er mir zunächst einmal den Begriff *Tschocherer* als „Gerät, das beim Einbruch zur Verlängerung des Unterarms dient".
Er war sehr verwundert, fast indigniert, daß ich den Ausdruck *Privatdozentin* nicht in der Fach-Nebenbedeutung kannte, und er umschrieb ihn mir als eine wohlhabende Prostituierte, die mit eigenem Auto im ersten Gang auf Kundenfang ausgeht.
Ich war begeistert.
Mehr, bitte viel, viel mehr, bat ich.
Aber er mußte noch weiter und forderte mich auf, ihm Gesellschaft zu leisten, er würde mir noch andere „Gewährsleute" zugänglich machen.

Ich sah auf die Uhr: halb drei Uhr früh – und ich hatte am nächsten Tag zu tun und war sehr müde. Also verabredeten wir uns für den folgenden Abend in der gleichen Bar: Same place, same station, same jokes.
Ich saß ab Mitternacht wartend da, bis – bis mein Freund, der Ober, von einer ausgesprochen lichtscheuen Figur in die Garderobe gerufen wurde. Er kam leichenblaß zurück:
Der sympathische junge Mann von gestern war eine Stunde, nachdem wir uns getrennt hatte, in einem Naschmarkt-Café von einem eifersüchtigen Rivalen erstochen worden.
Mir wurde kalt. Vielleicht wäre dieses Buch über die Gaunersprache nie geschrieben worden, wenn ich nicht am Abend vorher so lebensrettend müde gewesen wäre!

Auch von Frankisten kann man lernen

Als *Frankisten* oder *Frankfurter* werden von den Galeristen alle nicht zu ihnen gehörigen Personen bezeichnet – und die waren mir meist als Stofflieferanten lieber, weil sie problemlos und bereitwillig zur Verfügung standen. Darunter waren Gerichts-, Justiz- und Polizeibeamte, Musiker, Journalisten und viele andere, oft tatsächlich profunde Kenner der Materie.
Da war ein namhafter Wiener Strafverteidiger, den ich aus meiner Studienzeit recht gut kannte, der wollte nicht mit der Gaunersprache heraus. Er behauptete, daß seine Klienten mit ihm nur hochdeutsch parlierten.
Eines schönes Vormittags saß ich in einem Vernehmungsraum des Wiener Landesgerichtes und unterhielt mich mit einem Häftling, der sich bereit erklärt hatte, mir Auskünfte zu geben. Aber unsere Unterhal-

tung erstarb bald, denn durch eine offene Tür hörten wir ein Gespräch, das mich veranlaßte, mitzustenographieren: Der eine der beiden Gauner, die sich da unterhielten, war offenbar ein gefinkelter Ezzesgeber, der andre ein Mann, der einen versuchten Bankeinbruch als straflos hinzustellen versuchte, weil er auf der Stiege schon umgekehrt sei, als er in der Bank einen bekannten Kieberer bemerkte. Dieses Gespräch war mit so vielen mich interessierenden Fachausdrücken gespickt, daß ich „meinen" ohnedies nicht sehr ergiebigen Kunden durch einen Justizbeamten wieder in seine Zelle schicken ließ und den gleichen Beamten bat, mir doch eine Unterredung mit dem Ezzesgeber zu vermitteln.

Der Ezzesgeber war der bekannte Anwalt. Als wir wenig später in einem Kaffeehaus (wo denn sonst – wir waren beide Wiener) über die Gaunersprache debattierten, stellte sich heraus: Er hatte es bisher als rufschädigend empfunden, seine Vertrautheit mit dem Ganoven-Jargon zuzugeben, obwohl er seine blühende Praxis gerade dem Umstand verdankte, daß er stets sofort das Vertrauen der Herren Delinquenten erwarb, weil er genau ihren Ton sprach. Die Kenntnis der Gaunersprache kann also auch für einen *Frankisten* von geschäftlichem Vorteil sein.

Da nun das Eis zwischen uns beiden gebrochen war und ich meiner Begeisterung über seine Doppelsprachigkeit Ausdruck gegeben hatte, war auch er ein Quell der neuen Fachwörter für mich geworden.

Von ihm erfuhr ich zum Beispiel, daß das elektronische Instrument, mit dem Häftlinge auf das Vorhandensein von metallischen Gegenständen geprüft werden, kurzerhand *Pracker* benamst, der Vorführungs- und Vernehmungsraum als *Waggaun*, also Waggon, bezeichnet wird und man nur in einem der beiden Wiener Landesgerichte den Ausdruck *Pomatschka* für ein aus Apfelresten selbstgebrautes Getränk kannte; es wird wohl nie jemand ergründen, warum die Häftlinge in der Alser Straße einen Ausdruck verwenden, den ihre Kollegen am Hernalser Gürtel ausnahmslos als unbekannt bezeichnen.

Was ist Rotwelsch?

Mit diesem Begriff ist man von Anfang an konfrontiert, wenn man sich mit Gaunersprachen befaßt. Auch wenn die Ezesgeber elegant gekleidete Anwälte oder unterstandslose Kübelstierer unserer Tage sind: Man muß in die Geschichte hinuntersteigen, tief, um die gaunersprachliche Gegenwart zu begreifen.

Im 13. und 14. Jahrhundert, nach der kaiserlosen, der schrecklichen Zeit, entstanden in Deutschland große, sehr gut organisierte Räuberbanden, die eine Art Staat im Staate bildeten und sogar eine eigene Gerichtsbarkeit entwickelten. Infolgedessen benötigten diese Banden eine Geheimsprache oder zumindest Geheimwörter, um ihre Tätigkeit vor den Rudimenten der staatlichen Gerichtsbarkeit geheimzuhalten. Aber woher stehlen?

Man mußte die Wörter aus einer gesprochenen Sprache nehmen, denn schreiben und lesen war ja damals fast eine Geheimkunst.

Man konnte aber keine Fremdsprache der Gebildeten nehmen, etwa Latein oder Griechisch, denn gerade den Gebildeten gegenüber wollte man doch unverständlich bleiben, abgesehen davon, daß die Galeristen sicher Grausameres zu tun wußten, als Fremdsprachen zu lernen.

Da bot sich eine Sprache an, mit der die Herumzieher in Berührung kamen: die Sprache der jüdischen fah-

renden Händler. Diese Sprache, das Jiddische, war in ihren Anfängen im Getto entstanden und hatte sich in der noch viel stärkeren Isolation der Juden im Osten Europas zu einer Sprache entwickelt, die Deutsch nach wie vor als Grundstock behielt, sich aber durch vorwiegend aramäische, hebräische, slawische Einflüsse und durch die Aufnahme von deutschen Dialekt-Elementen in ihrem Wortschatz erheblich verändert hatte.
Der „Liber vagatorum", eine der ersten Rotwelsch-Wörtersammlungen, stammt von *Martin Luther*. Er erschien 1510, und es findet sich darin der Satz: „Es ist freylich solch rottwelsche Sprach von den Juden komen, denn viel ebreischer Wort drynnen sind, wie denn wol merchen werden, die sich auff Ebreisch verstehen."
Diese Feststellung ist nur zum Teil richtig. Denn aus dem Jiddischen bezogen die Herren Gauner zwar viele ihrer Vokabeln und Redewendungen, aber sie bedienten sich – auch sprachlich –, wie es kam: Sie übernahmen alte deutsche Wörter, die umgebildet worden waren oder deren Bedeutung sich verändert hatte, sie nahmen Wörter aus verschiedenen Fremdsprachen, sie übernahmen Zigeunerwörter, und bei einigen Bildungen kann man heute nicht mehr sagen, woher sie genommen worden sind. Aus diesem Bestand entwickelten sie ihre Geheimsprache, das Rotwelsch.
Das Wort ist zum erstenmal aus der Zeit um 1300 überliefert. Woher es abzuleiten ist, darüber ist sich die Fachwelt nicht einig: Einige behaupten, daß *rot* selbst ein rotwelsches, ungeklärtes Wort für Bettler ist und die Nebenbedeutung „falsch" und „untreu" hat. Andere wieder meinen, daß es von der damals üblichen Praktik der Bettler stammt, sich mit blutähnlichen Farben zu beschmieren, um mehr Mitleid zu erregen, daß es also von dem Farbwort Rot kommt; das müßte dann aber eine sehr unappetitliche Zeit gewesen sein – und

das war sie vermutlich auch. In einem Wörterbuch fand ich sogar die Ableitung von dem Wort *Rotte*, was aber wirklich zu weit hergeholt erscheint. So viel zum ersten Bestandteil des Wortes Rotwelsch.

Welsch ist dagegen bekannt. Von Kauderwelsch oder Kinderwelsch sprechen wir ja noch heute, und wir wissen, woher es kommt: von althochdeutsch *walihisk*, was so viel wie romanisch, vor allem im Sinne von exotisch, fremd, unverständlich, heißt. Sie werden es nicht glauben, aber auch die Walnuß und der Prince of Wales haben dieselbe sprachliche Wurzel.

Verblüffend ist, daß sich das Rotwelsch bis in unsere Zeit erhalten hat, obwohl es in seinen Anfängen nie aufgeschrieben worden ist. Freilich, in neuer und neuester Zeit gibt es viel Literatur darüber; eines der ersten bedeutenden Fachbücher über das Rotwelsche stammt von dem Lübecker Polizeidirektor namens *Friedrich Christian Benedict Avé-Lallemant*. Durch Selbststudium wurde er ein tiefgebildeter Judaist, und 1858 bis 1862 gab er ein Werk über das „Gaunerthum“ heraus, das noch immer Gültigkeit hat.

Wie aktuell das Rotwelsch auch heute noch ist, das erhellt die Tatsache, daß 1974 der Schriftsteller *Günter Puchner* den gelungenen Versuch unternommen hat, Bibelstellen ins Rotwelsche zu übersetzen. Außerdem werden immer wieder Kongresse von Rotwelschexperten abgehalten, sodaß uns sicherlich noch allerhand Neuigkeiten ins Haus stehen werden. Und wer weiß, wie viele Ausdrücke aus dem Rotwelschen der Gegenwart nach und nach in die Hochsprache herüberwandern werden, gleichsam als freundliche Gegengabe. Es gibt ja dafür schon viele Beispiele aus der Vergangenheit – nur merken tut man's nicht:

Hals- und Beinbruch! – ja, warum wünscht man einem Freund ein gebrochenes Bein? Weil es sich nicht um einen Bruch, sondern um einen Segen handelt: *Broche* heißt Segen und kommt aus dem Jiddischen.

Einen guten *Rutsch* ins neue Jahr wünscht man oft zu Silvester und überlegt dabei kaum, daß es keine Neujahrssitte gibt, bei der man rutschen müßte. Kommt auch gar nicht von rutschen, sondern von rotwelsch-jiddisch *rosch,* was Kopf oder Anfang heißt.

Blau in Verbindung wie „blauer Montag", „blaumachen" hat nichts mit der Farbe zu tun. Rotwelsch *belo, belau, blau* heißt „nichts", „ohne". Es gibt freilich auch eine andere Erklärung des Wortes, die besagt, daß es sich um einen Begriff aus der Färberei handle: man färbte Stoffe mit Waid und mußte sie dann 24 Stunden an der Luft liegen lassen. Während dieser Zeit konnte man natürlich nicht arbeiten. Soll mir recht sein. Mir ist die Ableitung aus dem Rotwelschen lieber. Ähnlich geht es mir mit dem *Sargnagel* als Begriff für die Zigarette. Man kennt schon seit langem, heißt es, im Englischen den *coffin-nail,* eben den Sarg-Nagel, eine Bezeichnung für jemanden, der einem tödlich auf die Nerven geht. Ich finde aber, es kann doch kein Zufall sein, daß das rotwelsch-jiddische Wort für stinken *sarchen* lautet. Oder?

Weil gerade von „Broche" die Rede war: Kennen Sie *den* schon?

Da kommt ein junger jüdischer Formel-I-Pilot auf Wunsch seiner chassidischen Eltern zu einem alten Rabbi und sagt: „Rabbi, mei Tate wünscht, du sollst sprechen eine Broche über meinen Ferrari."

Der Rabbi weiß nicht, was ein Ferrari ist, er weiß auch nach der Erklärung nicht, was für einen Segensspruch man über eine solche Rakete sprechen könnte, und er gibt dem Jungen den Rat, sich bei seiner nächsten Amerikareise an einen der reformierten jungen Rabbiner zu wenden, die es dort immer häufiger gibt.

Das geschieht auch, und der junge Rabbiner in Amerika hört sich die Bitte um die Broche für den Ferrari aufmerksam an und sagt dann in bestem Jiddisch: „Ferrari – ich verschtej. Aber wus is Broche?"

Es ist nicht alles Rotwelsch, was Wiener Gauner reden!

Die Soldaten Napoleons sollen von den schönen, mollerten Wienerinnen ganz besonders angetan gewesen sein, daher bemühten sie sich, bei ihren Werbeversuchen möglichst charmant zu wirken. Vielleicht hat wirklich ein netter französischer Besatzer bei einem Spaziergang auf dem Glacis zur Demoiselle Mizzi gesagt: „Permettez que je vous fasse mon compliment?" Also: „Darf ich Ihnen mein Kompliment machen?" Und ausgesprochen hat er es sicher: „... qu'j'vous fasse" – und der Demoiselle ist nur die Lautfolge *gschwuf* im Ohr geblieben. Diese Deutung der Herkunft dieses Ausdrucks, der heute noch so viel wie Liebhaber, Freund heißt und der Gaunersprache zugerechnet werden kann, ist umstritten und wissenschaftlich nicht belegbar. Aber woher sollte sonst dieses Wort kommen? Auch das Wort *båbeln* für betteln, unverständlich reden, könnte aus der französischen Besatzungszeit kommen, weil das Wort *babiller* ungefähr das gleiche bedeutet.

Seit dem Wiener Kongreß hat Wien als Hauptstadt der Donaumonarchie sicher nicht nur die Prominenz von Kunst, Kultur und Wissenschaft angezogen, sondern natürlich auch die dunklen Elemente des damaligen Vielvölkerstaates. So finden sich in der Galeristensprache eine Menge tschechischer, ungarischer, italienischer und balkanstämmiger Lehnwörter.

Aber auch politische Ereignisse hinterlassen Spuren. Die Ereignisse von 1848, der Erste und der Zweite Weltkrieg waren Wörterlieferanten, wenn auch wir Zeitgenossen beobachten konnten, daß Modewörter zum Teil ebenso schnell verschwinden, wie sie entstehen.

Aus dem Ersten Weltkrieg soll das Wort *tachinieren* stammen. Für den bürgerlichen Wiener bedeutet es normales Faulenzen, bei den Galeristen ist ein Tachinierer nicht nur ein Nichtstuer, sondern besonders einer, der sich aus Bequemlichkeit weigert, an mühevollen und riskanten „Geschäften" teilzunehmen, der also quasi sogar zum Stehen zu faul ist.

Es gab – so steht es in meiner Zettelkartothek – in den dreißiger Jahren einen Galeristen mit dem Spitznamen „Das Tachinierndl", der später den honetten Beruf eines Buchhalters ausüben mußte, weil keiner seiner Spießgesellen aus Gaunerkreisen mehr mit ihm „arbeiten" wollte und er kein Talent zum Einzelgänger hatte, beziehungsweise er auch für Solo-Unternehmungen zu faul war. Ein seltener Fall von polizeiloser Resozialisierung.

Man fragt sich, woher dieses seltsame Wort kommen mag. Sicher falsch ist die Erklärung, daß es von dem griechischen Wort *tachys* = schnell stammt (wie in Tachometer) und sich auf folgende Weise gebildet hat: Ein Teil der damaligen inoffiziellen Wehrdienstverweigerer trank vor der Assentierung sehr starken schwarzen Kaffee, um dadurch den Verdacht einer Krankheit zu erwecken, ein zu schnell schlagendes Herz; der Mediziner spricht dann von Tachykardie. Diese Erklärung steht ganz offiziell in einem Wiener Wörterbuch, es liegt aber auf der Hand, daß ein medizinischer Fachausdruck kaum in den Dialekt dringen kann. Rotwelschkenner leiten es von *darchenen* ab, was so viel wie betteln heißt. Es könnte auch vom tschechischen *tahni se* = verschwinde! kommen. Aber: Nichts Gewisses weiß man nicht.

Gaunersprache oder Dialekt? Eine Grenzstreitigkeit

Man wird mir bald vorwerfen, daß ich – im kleinen Grenzverkehr – ungeniert zwischen dem Gaunersprachlichen und dem unkriminellen Dialektischen hin und her wechsle. Nun, ich verspreche, meinen Wohnsitz im Gaunersprachlichen aufzuschlagen; aber ich verspreche nicht, darauf zu verzichten, immer wieder den einen oder anderen Dialektausdruck „mitzunehmen". Schließlich gibt es über den Wiener Dialekt ohnehin nicht allzuviel Literatur, und wenn ein Ausdruck auch nur einigermaßen ins Gangstermilieu paßt oder Rotwelsch-Ableitungen zuläßt, will ich mich seiner annehmen.

So könnte sich jemand wundern, daß ich das Wort *Putzerl* (= kleines Kind) in mein privates Gaunerwörterbuch aufgenommen habe. Ihm sei zunächst gesagt, daß diesem Wort das mittelhochdeutsche Wort *Butze* zugrunde liegt, das Popanz bedeutet. Ihm sei aber auch gesagt, daß ein stadtbekannter Wiener Zuhälter „Putzerl" genannt wurde. Und die Verbindung von beiden Erkenntnissen ergibt sogleich völlig neue Dimensionen.

Mein Gaunerwörterbuch enthält auch die *Wüdl-Anni*. Das ist der Spitzname einer fast immer unfrisierten Dame des (auch in Wien) ältesten Gewerbes. Als ich ihm auf die Schliche zu kommen trachtete, fand ich in dem berühmten bairischen Wörterbuch von *Andreas Schmeller*, daß *wüdln*, auch *widln*, eine Bezeichnung für Garn war. Später wurde das Wort zu einem Synonym für Haare, und ich erfuhr auch bald darauf, daß ältere Leute noch heute in Wien *Wüdln* für Haare sagen.

Das sind zwei Beispiele für die Abwanderung von Dialektwörtern in die Gaunersprache, wo sie dann – das Zuhälter-Putzerl beweist es hinreichend – neue Bedeutungen annehmen.

Das Wort *Schuß* müßte man auch nicht unbedingt in einem Buch über Gaunersprache suchen. Zumal es in seiner landläufigen Bedeutung – Gewehrschuß, Pistolenschuß – im Gaunerslang gar nicht gebraucht wird. Dort bedeutet *Schuß* unter anderem ein Großverbrechen. „Neulich hab i an Patzn Schuß baut", erzählte mir vertrauensselig ein Gast bei Willy Abermann und meinte damit, daß er einen wohlvorbereiteten Einbruchsdiebstahl gebaut oder inszeniert hatte. Schuß bedeutet auch die Bitte um eine Spende und im Weiteren und Spezielleren die Beimengung einer Flüssigkeit zu einer anderen: „Geh, gib mir an Schuß Slivovitz in mein Hansl" = Geh, gib mir ein wenig Pflaumenschnaps in mein Bier.

Das wäre ein Beispiel dafür, daß auch aus der Hochsprache immer wieder Wörter mit einem Bedeutungswandel in die Gaunersprache übersiedeln.

Natürlich gibt es auch Gegenbeispiele: Ausdrücke der Gaunersprache sickern in die „Bürgersprache" ein.

So ist zum Beispiel *Mezzie* als Ausdruck für ein besonders lukratives Geschäft oder eine günstige Gelegenheit heute allgemein in Verwendung – und war doch einst ein reines Gaunerwort. Es stammt aus dem Jiddischen, das Grundwort lautet *meziah* und bedeutet Fund.

Oder: *Zores* sind Sorgen, das Wort stammt aus dem Rotwelsch-Jiddischen, auch Gauner haben schließlich

ihre Sorgen. Heute wird das Wort ernsthaft-scherzhaft weithin in deutschsprachigen Landen verwendet. (Nicht so bekannt ist, daß die Einzahl *Zore* heißt, ein weibliches Hauptwort. Also: „Ich hab eine Zore!“ Das muß jeder, der sich mit Iwrith befaßt, lernen, denn das Wort existiert heute noch in der Landessprache Israels.)
Oder: Das Eigenschaftswort *mies* wird kaum ein Laie unter die Gaunerwörter einreihen. Und weil es auch im „Tausendjährigen Reich“ in offiziellen Proklamationen gebraucht wurde, sollte man meinen, daß es doch keinesfalls jüdischer Herkunft sein kann. Ist es aber! Das jiddische *mius* bedeutet Ekel.
Oder: Schon im 18. Jahrhundert setzte sich der Zigeunerausdruck für Brot, nämlich *maro*, im Rotwelschen durch, nahm aber dann in Wien die Bedeutung „Geld“ an. Und heute hat sich der Wiener Gauneraussdruck *Marie* bis in den hohen Norden Deutschlands geschlichen und wird überall verwendet.
Für Wörter wie diese gibt es kein Zurück: Die Unterwelt stößt Wörter, die die Oberwelt bei ihr bezieht und annektiert, ab und gebraucht sie nicht mehr. Der Grund dafür liegt nach wie vor im eigentlichen Zweck der Gaunersprache, nämlich mit ihrer Hilfe bezeichnen, zugleich aber geheimhalten zu können.

Was machen wir mit den „unanständigen“ Wörtern?

Ein Theaterkritiker unserer Tage hat einmal erklärt, daß die Erfolgschancen eines Zeitstücks an der Häufigkeit des Wortes „Scheiße“ zu messen sind. Das gibt dem Sprachwissenschaftler zu denken, denn dieses Wort leitet sich von dem indogermanischen Stamm

skei ab, was trennen, spalten, abspalten bedeutet. Dazu gehört auch das griechische *schizo*, und so sehen wir zumindest sprachliche Verwandtschaften zwischen diesem schwer verdaulichen Literaturwort und Begriffen wie etwa Schizophrenie.
Ob das Götzzitat und sein Hauptwort in Gaunerkreisen öfter gebraucht werden als von den „Bürgerlichen", wird schwer festzustellen sein, es ist aber sicher in sozial tiefer liegenden Gruppen häufiger als beim Jet-set. Verdauungswörter sind also trotz großer Häufigkeit vom gaunersprachlichen Gesichtspunkt aus uninteressant.
Völlig anders verhält es sich mit den Wörtern für den Bereich des Geschlechtlichen. Denn hier hat sich die Unterwelt sprachschöpferisch betätigt, Altes erhalten, und vor allem sind ungeheuer viele sogenannten Spontanbildungen zu registrieren, das heißt Ausdrücke, die irgendein phantasievoller Zuhälter erfindet, die dann in seinen Kreisen gebraucht werden, bald aber wieder der Vergessenheit anheimfallen.
Burnadz hat in seinem Gaunerwörterbuch rund fünftausend solcher Wörter registriert, und wenn man die alle aufgriffe, ihnen etymologisch auf die Schliche zu kommen versuchte, dann würde ein ganzes Lexikon entstehen.
Daß es immer wieder – auch in normalen Gruppen, ja fast bei jedem Ehe- und Liebespaar – zu Geheim- oder Privatwörtern für das Miteinanderschlafen kommt, davon kann sich jeder, der sich nicht selbst schon so ein Wort ausgedacht und verwendet hat, unschwer durch Kinsey-Report-artige Befragungen seiner Freunde überzeugen. Wenn er nicht zu viele Hemmungen hat.
Solche Spontanbildungen haben insofern eine enge Beziehung zur Gaunersprache, als auch sie ihre Entstehung dem Bedürfnis der Geheimhaltung verdanken.

Es gibt mehrere Fachbücher, die sich mit dem Bestand von Pornowörtern befassen. Ich will das nicht tun, weil erstens der Platz für eine erschöpfende Behandlung dieses Wortfeldes fehlt; zweitens ist die Mehrzahl solcher Ausdrücke der Unterwelt nicht pikant und amüsant, sondern nur ordinär; drittens hätte es nur wenig mit Sprachwissenschaft zu tun und, vor allem, viertens: es fehlt an authentischem Material, denn die Befragungen wurden nie so intim durchgeführt, daß man einen echten Überblick über den Sprachgebrauch unserer Gruppe auf diesem Gebiet bekommen konnte.
Ganz übergehen kann ich die Materie aber auch nicht, also such ich mir ein Dutzend Gustostückerln heraus.

Ein paar kleine Schweinereien

Das *Puff*, das Freudenhaus mit der roten Laterne, hat – nach dem großen „Etymologischen Wörterbuch" von *Kluge-Mitzka*, auf das man sich fast immer verlassen kann – seinen Namen letztlich von einem Lautsymbol, das es in verschiedenen Sprachen gibt: *puff, buff, bof* – eben ein schallnachahmendes Wort. Daher auch eines der vielen Gaunerwörter für Schußwaffen: die *Puffn*. Sie und auch die Kartoffelpuffer haben freilich sicher nichts mit der käuflichen Liebe zu tun.
Aber in solchen Häusern spielte man schon im 13. Jahrhundert mit Würfeln, und weil diese mit einem „puff" aufs Brett schlugen, bildete sich dieser Name aus und blieb.
So steht es in dem einen Lexikon zu lesen. Ich persönlich glaube viel eher einem anderen Nachschlagewerk, dem „Wörterbuch des Rotwelschen" von *Siegmund A. Wolf*, in dem das Wort auf das rotwelsche *puffen* zurückgeführt wird, das stoßen oder knallen bedeutet.

Als Nebenbedeutung wird auch schlafen angeführt, womit eigentlich alles erklärt wäre.
Denn käme es wirklich vom Knallen – was knallt im Puff? Vielleicht der Schaumwein?
Nicht bei den Ganoven.
Für Dirnen und mittelbar natürlich auch für ihre Zuhälter ist ein werbewirksamer Busen das halbe Geschäft. Je nach Größe hört man von *Gschpaßlaberln*, das wären also laibchenähnliche Gebilde, mit denen man seinen Spaß hat, bis zu *Patraunentaschen* = Patronentaschen, ein Vergleich, der keiner Erörterung bedarf.
Für die Gunstgewerblerinnen selbst gibt es zahllose Bezeichnungen in der Gaunersprache: *Hatschen* – seltsamerweise ein Maskulinum: *der* Hatschen – vom mittelhochdeutschen *hakezen* = hinken, *Telachistin, Schlampen, Schlapfen* (nachschleifende Fußbekleidung), *Chonte, Schickse, Kalle* (immer seltener werdende Rotwelschwörter), *Fetzen* – nach der billigen Kleidung (?); die *Bad-Hur* leitet ihren Namen von den einst sehr beliebten Badestuben ab, die schon erwähnte *Privatdozentin* fährt im eigenen Wagen im ersten Gang auf Kundenfang, das *Flitscherl* oder die *Flitschn* kommt von Flitter, einem Wort, das schon im 16. Jahrhundert als „kleine, blinkende Blechmünze, auch Theil der Frouwengewandung“ erwähnt wird und auf ein althochdeutsches *flitarezzen* = schmeicheln, liebkosen zurückgehen soll. Dazu kommen natürlich noch eine Reihe wirklich unflätiger Ausdrücke, die wir aber – darüber sind wir uns doch einig? – weglassen.
Als ein Befragter mir von einem Helfer berichtete und erwähnte, daß das ein *Bachener*, also ein „Gebackener“, sei, schaltete ich nicht schnell genug und bat um Aufklärung.
„Sie wissn net, was a Bachener is? – No ja – halt: a Ghazter!“

Der Homosexuelle heißt also bei der Galerie unter anderem Gebackener oder Geheizter. Man hört aber auch *Sissy* (so ähnlich heißen die Herren ja auch in Amerika) und seltsamerweise immer noch recht häufig den Ausdruck *Puchhanderl.*

Dabei ist das Café Puchheim in der Weihburggasse schon 1965 umgebaut worden; aber seinerzeit war es das Eldorado für die Homophilen beiderlei Geschlechts, auch Transvestiten waren dort Stammgäste, und ab und zu traf man auch geduldete Kriminalbeamte, die kaum Grund zum Einschreiten, höchstens wertvolle Informationen und Inspirationen fanden.

Heute lebt nur noch der umgestaltete Name Puchhanderl. Ob das Heim zur Henne oder zur Hand wurde, läßt sich nicht mehr feststellen.

Zwei neue Ausdrücke kann ich vermelden, die nur von Jungen gebraucht wurden und einigen Älteren sogar unbekannt waren: *Schwuchtel* und *Tunte.* Beide kommen sicher aus Deutschland. In einem Rotwelschbuch finde ich: *schwuchteln* soviel wie wackeln, tanzen, auch schwanken. Tatsächlich wurde, bei meinen Umfragen, das Wort zweimal für bisexuelle Männer gebraucht; ob man wirklich so feine Unterschiede macht, konnte ich nicht einwandfrei feststellen.

Tunte hat vermutlich was mit Tante zu tun; wie es zu dem an sich seltenen Ablaut kommt, weiß ich nicht.

Dann hätte ich noch ein *Reserl* oder *Röserl* anzubieten und einen *Buseranten.* Der wird im Kapitel über das Kaffeehaus beim Thema Billard etymologisch erklärt, aber nicht mehr erwähnt werden.

Etwa zwanzig Bezeichnungen für „warme Brüder" beginnen mit dem nicht nur durch Goethe so populär gewordenen Wort für das verlängerte Rückgrat; sie sind markig, ordinär und linguistisch unergiebig.

Von den zahllosen Ausdrücken für den Geschlechtsver-

kehr seien hier zwei angeführt: *pudern* und *titschkerln*. Beide sind in Wien beheimatet und etymologisch recht interessant.
Wolf stellt das erste Wort in seinem „Wörterbuch des Rotwelschen" zu einem alemannischen Stamm *buden*, was stoßen bedeuten soll.
Woanders fand ich die einleuchtende Herkunft von einem oberösterreichischen *buttern* – also: Butterstoßen, Buttererzeugen –, was für mich mehr Wahrscheinlichkeit zu haben scheint, weil der Vergleich naheliegt.
Titschkerln endlich müßte richtig *ditschkerln* geschrieben werden und ist mit dem deutschen Wort für Degen urverwandt. Es kommt aus dem tschechischen Rotwelsch, wo *dička* die Degenspitze bedeutet – die zugleich Symbol für den männlichen Geschlechtsteil ist.

Das Alte stürzt, es ändern sich die Zeiten ...

Ich bin noch immer bei der Einleitung – wenn man's auch nicht merkt. Aber ich bin noch immer bemüht zu erläutern, wie ich bei meiner Diss (die mich ja im Grunde gar nichts mehr angeht) die thematischen Grenzen gezogen habe: gegen den Dialekt, gegen Pornowörter – und zwischen alt und neu. Es stellt sich nämlich die Frage: Soll man sich auch um die ganz alten Gaunerwörter kümmern, die die jungen Gauner gar nicht mehr kennen? Um Wörter, die in alten Büchern stehen und nur einzelnen älteren Typen noch bekannt sind?
Solche Wörter habe ich dann in meine Kartei aufgenommen, wenn sie mindestens dreien der Befragten bekannt waren. Dadurch ist freilich einer Ungenauigkeit Tür und Tor geöffnet und der Grundsatz, die *gegenwärtige* Wiener Gaunersprache zu beschreiben,

durchbrochen; andrerseits aber sind gerade solche schon sehr selten gewordene Rotwelschwörter interessant und sollen vor dem totalen Vergessenwerden bewahrt werden.

„Allaweil hat er chaddische Tricks tentiert", sagte mir einmal ein steinalter Bettler, der einen halben Nachmittag mit mir verbrachte. Und *chaddisch* steht noch im Wörterbuch von *Albert Petrikovits,* das 1922 erschienen ist. Es heißt soviel wie neu.

Als ich dieses Wörterbuch mit dem Herrn durchging, fanden sich noch eine Reihe Rotwelschwörter, die ihm bekannt waren. Unter anderem:

Chalen ist Fenster – im heutigen Iwrith *chalon.* Auslageneinbrecher sind *Guckspritzer,* und das schale, im Glas eines Fremden stehengebliebene Bier ist der *Fensterschwitz* oder der *Hansl.*

Scha für Taschenuhr war auch noch einigen anderen bekannt, doch hörte ich häufiger *Goda* oder *Godar,* was von einem jiddischen Wort für Ring, Schmuckstück kommen soll.

Lechum oder *lechem* war ein Ausdruck für Brot, das noch heute in Israel so heißt. Beth-lehem also: Haus des Brotes. Dieser Ausdruck ist durch ein neues Wort verdrängt worden: *Bims* stammt aus dem Zweiten Weltkrieg und ist auch rotwelsch *(pimmer);* vielleicht vom lateinischen *panis* = Brot abzuleiten, wie es *Puchner* tut.

Wenn einer keine Marie hat, also: kein Geld – dann ist er *stier.* Ein uralter Gaunerausdruck dafür: *schocher.*

Chavrusse für Diebesbande leitet sich von *chaver* ab. Darüber wird im Zusammenhang mit dem Wort *Haberer* noch zu berichten sein.

Klamones, Sperrhaken, vom jiddischen *k'le umonus* = Handwerkzeug, und *dalfenen,* betteln, vom jiddischen *dalfon* = arm.

Interessant ist auch das Wort *darchenen*, von dem schon beim Tachinierer die Rede war; es heißt: (unberechtigt) betteln, und ein Darchener war ein Bettelbetrüger, also einer, der sich nur als Bettler verkleidete, um anderen dunklen Geschäften nachzugehen.

Schicksal der Rotwelschwörter: Bleiben oder nicht bleiben

Für fast alle Wissensgebiete trifft es zu, daß sie anfangs leicht zu bewältigen scheinen. Je mehr man sich aber in gewissen Schwierigkeiten verbeißt, desto größer werden sie, und stößt man eine Tür mit einer neuen Erkenntnis auf, so findet man sich in einem Raum mit einer ganzen Menge neuer Türen, deren Schlösser mit den alten Klamones nicht zu öffnen sind. So geht es mir immer wieder mit der Gaunersprache, und der geneigte Leser wird feststellen, daß viele Fragen offenbleiben müssen, weil ich entweder keine Antwort finde oder nach langem Studieren und Probieren draufkam, daß sie nicht zu beantworten sind.
Als ich solche Probleme einmal mit einem Assistenten auf der Hochschule besprach, gab er mir den Rat, einfach Hypothesen aufzustellen. Die gelten dann so lang, bis ein schlüssiger Gegenbeweis aufgestellt wird. Und es ist ja auch wirklich nicht anzunehmen, daß sich noch einmal ein Narr wie ich finden wird, der sich mit solchen Problemen herumschlägt. Also werden sie Bestand haben, meine Hypothesen!
Gut – das habe ich dann auch gemacht, und hier ist die zweiteilige Hypothese zur Begründung der in der Überschrift gestellten Frage.
1. Es verlieren sich Wörter, die Dinge oder Tätigkeiten bezeichnen, von denen wir heute nur noch wenig wis-

sen, oder die gar nicht mehr existieren: *dalfenen, darchenen, Klamones* – dazu gehört auch der *Tschillesgänger,* das ist ein Einbrecher, der nur in der Dämmerung arbeitet.

2. Einige der alten Wörter wurden nach und nach verändert, sie haben sich angepaßt, sie wurden sozusagen „eingedeutscht" oder besser „eingewienert", ohne aber in die Umgangssprache einzusickern: sie blieben. Andere behielten ihre frühere Form, wurden allmählich als Fremdkörper empfunden und deshalb nicht mehr verwendet. Das würde für *Chalen, Chavrusse, chaddisch* und *Lechem* zutreffen. Hier fällt vielleicht auch die Zeit des „Tausendjährigen Reiches" ins Gewicht, wo man solche Wörter als „fremdrassig" empfand und nicht mehr anwenden wollte.

Aber ganz hieb- und stichfest ist diese Theorie schon deshalb nicht, weil wir sie im folgenden gleich wieder in Frage stellen müssen.

Macht aber auch nicht viel. Oder?

Das Gefängnis-Essen heißt *Schäkel* oder *Achelputz,* genau wie vor hundert Jahren, und wenn man nichts zu *acheln* hat, muß man sich was *kaufen* oder *kofen:* Ich setz mich an den Kachelofen und muß mir was zum Acheln kofen. *Achol* – mit der Betonung auf der letzten Silbe – heißt noch heute in Tel Aviv und Haifa „essen", und keiner kann behaupten, daß das Wort sich angepaßt hat (es sei denn durch die Endung -eln) – und trotzdem ist es geblieben.

Wenn sich zwei Gauner zerstreiten, dann sind sie *brojges* miteinander und haben einer auf den anderen einen Zorn. *Be-rojges* heißt – heute wie seit eh und je – „im Zorn", man hört aber auch *rojges* oder *roges,* wo dann eben die jüdische Vorsilbe *be,* die eine Richtung oder einen Fall andeutet, fehlt.

Auch heute noch beraubt man keinen Juwelier, sondern

einen *Fuxnmalochner*, und bietet dann die *Sore* einem *Koberer* an, das heißt, daß man einen Goldarbeiter um einige Schmuckstücke erleichtert und die Beute einem sachverständigen Freund überantwortet.

Noch ein paar von heute noch gängigen Rotwelschwörtern gefällig?

Bitte: *Barsel, baldowern, deissen, dibbern, Eed, Ezzes, Flebben, chilfenen, Gajer, Gelef oder Kelef, Haberer, Husselfetzer, Emmes, Kischew, maukas, Moire, Machloike, Messime, pejgern, Rebbach, Schegez, Schöm, schummeln, Telach, Zores* und einige andre mehr oder minder für „Zivilisten" unbekannte Wörter, insgesamt nach meiner Schätzung fünfzig. Alles echte alte Rotwelschwörter, von denen die meisten auch nach ihrer Form als solche zu erkennen sind, und trotzdem weisen sie eine geradezu unheimliche Überlebenskraft auf. Zum Teil sind sie in die Umgangssprache übernommen worden und werden auch von jungen Galeristen verwendet, freilich meist ohne Kenntnis ihres Ursprungs.

Ich habe für sie den Ausdruck „Beharrungswörter" eingeführt und hoffe, daß dieser Terminus technicus zahllose Sprachwissenschaftler nach mir animieren wird, dieses Gebiet zu bearbeiten und zu klären, was ich nicht klären kann.

Denn auf viele dieser Wörter treffen genau die Gründe zu, die ich im vorigen Kapitel für das Aussterben der anderen angeführt habe.

Allerdings gibt es auch einen Gegengrund: Diese Begriffe drehen sich um Gegenstände und Tätigkeiten, die noch heute wichtig und aktuell sind, sie bezeichnen gaunerische Aktivitäten und bilden so das Gerippe einer echten Fachsprache, durch die der junge Galerist beweisen kann, daß er „dazugehört"; und der alte verwendet sie, weil er es nicht anders kennt und weil zivilistische Ausdrücke ihm zu farblos erscheinen.

Dazu kommt, daß viele meiner Beharrungswörter mit anderen Wörtern innige Verbindungen eingegangen sind und sich dadurch besonders festgefressen haben: *Haupt-Schäkel* ist die Mittagsmahlzeit, *Blüatnmalochner* der Geldfälscher: das „Zivilwort" erhält das Gaunerwort am Leben.
Sarsur ist ein Unterhändler, so steht es in alten Schriften. Aber heute noch bemüht man sich, ewas *auszusassern,* also: auszudiskutieren, und in dieser Kombination hat sich das Wort *sassern* für reden noch erhalten.
Emmes kommt von hebräisch *amoth* und heißt wahr und Wahrheit. Wir kennen die Formel *auf emmes* in der Bedeutung: wirklich, wahrhaftig. Der Galerist sagt das wahrscheinlich selten, wohl aber heißt „ein Geständnis ablegen" noch immer *die Emmes dibbern* oder auch *plaudern* oder *speiben.*

Zwischenspiel: Übersetzungsübungen aus der Mameloschn (Muttersprache)

Beim *Fuxnmalochner* haben wir eines der vielen Beispiele von Wortkombinationen, die zum Teil aus dem Jiddischen, zum andern Teil aus dem Mitteldeutschen stammen. *Meloche* oder *Maloche* heißt die Arbeit, ein Malochner ist also ein Arbeiter, ein Blüatnmalochner ein Geldfälscher, ein Fuxnmalochner ein Goldarbeiter. So finde ich es in dem sehr interessanten Buch von *Werner Weinberg,* „Die Reste des Jüdisch-Deutschen", erschienen 1969. Diesem Buch verdanke ich übrigens sehr viele wesentliche Informationen.
Der erste Bestandteil des Fuxnmalochner hat aber wieder gar nichts mit dem Jiddischen zu tun: *fuxen* – vermutlich von der goldbraunen Farbe des Fuchses genommen – heißt golden, und ein *Fuxmurrer* ist eine

Diebesbeute, die Metallgeld enthält. *Sich fuchsen* heißt sich ärgern und muß gar nicht rotwelsch sein, denn in einem Rotwelschlexikon steht als Übersetzung für fuchsen nur koitieren, was aber sicher nichts mit Gold und Kupfer zu tun hat.

Baldower(n): Baal heißt jüdisch der Herr; das Wort wird uns noch oft begegnen. *Dawar* heißt das Wort, die Sache, sodaß die Grundbedeutung eigentlich „Herr des Wortes oder der Sachen" ist. Mit einem Wort: der Anführer. Der muß den Plan machen, die Gelegenheit auskundschaften, daher: *ausbaldowern.*

Pejgern ist rein jüdisch und heißt sterben, verrecken, manchmal auch vergiften. Es kommt von dem Wort *pejger* = Leiche und wird manchmal ganz falsch verstanden: In einem Wiener Wörterbuch wird es von dem italienischen *pagare,* also (drauf)zahlen, abgeleitet. Vielleicht handelt es sich um zwei verschiedene Wörter.

Rebbach läßt gar zwei jüdische Deutungen zu: es könnte aus dem Spanisch-Jüdischen kommen, wo *rebajado* (gesprochen: rebachado) „herabgesetzt" heißt. Noch heute findet man in Spanien und Südamerika das Wort über jedem verbilligten Schlußverkauf: precios rebajados = Tiefstpreise! Wahrscheinlicher allerdings ist die Erklärung durch das jüdische Wort *reiwach* = Zins.

Schöm (oft: *Schölm)* ist ein falscher Ausweis, aber auch ein Vorstrafenregister. Heute sagen viel mehr Befragte „Schölm" als richtig „Schöm", ein hübsches Beispiel für eine sogenannte volksetymologsiche Umdeutung: Unter „Schöm" kann sich kein Galerist etwas vorstellen, von einem Schelm, der die Umwelt frotzelt, aber hat er schon gehört. Also wird aus Schöm eben Schelm. Der Kundige aber freut sich erstaunt, das althebräische Wort *schem* verhältnismäßig unbeschädigt wiederzuentdecken, und er weiß: *schem* heißt Name, und wer einen falschen *Schöm* oder *Schem* hat, der geht inko-

gnito, was ja auch alte Fürstlichkeiten gerne taten. Aus anderen Gründen freilich. Oder doch meistens.
Immerhin kannte ich seinerzeit in Prag einen gewissen Paul Roßmanek, der mir im Rausch einmal erzählte, daß er sechs falsche Schöme (so klang seine böhmakelnde Mehrzahl von Schöm) besitze, und auf Grund einer Wette führte er mich tatsächlich am nächsten Tag zu fünf Damen, die alle fest überzeugt waren, daß er sie heiraten würde und denen er je einen falschen Namen im gefälschten Paß gezeigt hatte. Die sechste Dame fand er nicht zu Hause, wohl aber einen Abschiedsbrief. Sie war ihm mit einem Bankräuber durchgegangen, und das brachte ihn in eine ungeheure Wut und Verzweiflung: Wenn man sechs Bräute zum Leben braucht, dann kann man mit nur fünfen kaum noch existieren.
In jüdischen Büchern kann man manchmal lesen: *Baruch haschem* – und da der liebe Leser ja schon gelernt hat, daß *Broche* Segen heißt, wird er – wenn ich noch mitteile, daß ha- so ähnlich wie ein Artikel wirkt – sicherlich richtig kombinieren: Baruch haschem heißt: Gesegnet sei der Name!

Auch unter Galeristen gibt es Fachidioten

Nicht nur bei Ärzten und Ingenieuren, auch bei den Ganoven bilden sich immer mehr die Fachkräfte heraus, das erfordern ja schon allein die sich verschärfenden Polizeimethoden, die einem Gauner das Leben immer schwerer machen. So gibt es Spezialisten für autogenes Schweißen, psychologisch vorgebildete Taschendiebe (sie heißen *Schlieberer),* Ausbrecherprofis und Autodiebe, die perfekte Mechaniker sind. Sie alle haben natürlich wieder ihre Fachausdrücke innerhalb der Galeristensprache, und die hätte ich gerne en masse in meine Arbeit hineingenommen. Aber ich hatte nur einmal das Glück, daß mich eine solche Fachkraft in ihre Sprachkarten schauen ließ. Das war ein Herr, längst wieder ins bürgerliche Leben integriert, der mir von seinen – mittlerweile verjährten – Jugendsünden als Kasinobetrüger erzählte.

Als Kasinobetrüger hat man einen Komplizen, der *Bogl* oder *Bogmacher* genannt wird – Etymologie unbekannt –, und arbeitet mit dem *Knödel.* So heißt der zusammengefaltete Geldschein, der auf den Roulettetisch gelegt wird. Gewinnt der Spieler, dann tauscht der Bogl den Knödel gegen einen Kontraknödel blitzschnell um. Der Kontraknödel sieht äußerlich genau wie der Knödel aus, besteht aber aus mehreren gefalteten Geldscheinen, sodaß der Spieler nun quasi einen größeren Betrag gesetzt hat, daher auch mehr gewinnt.

Man wird einwenden, daß in einem Kasino heute nur noch mit Jetons (die übrigens *Tantes* heißen) gespielt wird und daß die Croupiers viel zu sehr aufpassen, als daß solche Manipulationen möglich wären. Nun, vielleicht war das früher anders. Oder war das „Kasino" nicht etwas ganz so Feines, was wir uns für gewöhnlich darunter vorstellen. Die Erzählung war jedenfalls so lebendig, daß man einiges davon glauben konnte.

Apropos zusammengelegte Geldscheine: Wissen Sie, was ein *Pflanzkilo, auf drei hergricht'* ist? Das ist ein Hundertschillingschein (dafür ist zur Zeit der Ausdruck *Kilo* üblich, ein Tausendschillingschein heißt *Fetzn* oder *Blauer),* der so geschickt zusammengelegt wird, daß jeder Laie fest daran glaubt, es handle sich um drei Hunderter. Man kann sie dann manchmal auch als drei Hunderter loswerden. Das aber gehört schon zum *chilfenen* oder *schülfern,* wovon später noch die Rede sein wird.

Etymologie – ein weites Feld

Im Lexikon steht: Es ist die Lehre von der wahren Bedeutung der Wörter und von ihrem Ursprung. Eine wirklich faszinierende Wissenschaft, die uns manche Wörter in neuem Licht erstehen läßt, die aufregende Zusammenhänge herstellt, mit der aber andrerseits viel Schindluder getrieben wird. So ergibt sich durch die sogenannte Volks-Etymologie eine meist recht komische, aber doch völlige Verdrehung der wahren Zusammenhänge.
Auch bei der Ableitung von Gaunerwörtern stimmt sicher so manches nicht, aber etymologische Gedankengänge sind schon deshalb interessant, weil man so viel darüber streiten kann. Oft gibt ein Einfall den Anlaß, eine Behauptung aufzustellen, die fast gar nicht beweisbar – und schon gar nicht widerlegbar – ist. Manche Wissenschaftler ärgern sich, manche schmunzeln.
Dafür ein Beispiel: das Wort *schummeln* für schwindeln. Schummeln ist zweifellos gaunersprachlich. Ein Dialektfachmann namens *Julius Jakob* erklärt, das Wort sei aus schieben, schubeln entstanden, aber das hält einer auch nur einigermaßen fachgemäßen Beurteilung nicht stand – das wäre so, wie wenn man lümmeln von lieben ableiten wollte. Man braucht kein Germanist zu sein, um zu fühlen, daß das nicht geht.
Aber was halten Sie von folgender Erklärung, die ich bei *Hans Peter Althaus* finde: Die drei größten jüdischen Gemeinden im Mittelalter waren Speyer, Worm und Mainz. Speyer fängt in jüdischer Schrift mit einem Sch (Schin), Worms mit einem W (Waw; das kann auch als u ausgesprochen werden) und Mainz mit einem M (mem) an – die Anfangsbuchstaben der drei Städte ergeben das Wortbild „schum“. – Es liegt der Gedanken-

gang also gar nicht so ferne, daß man die Juden, die aus den großen Gemeinden kamen, über einen Leisten zog und als Schum-ler bezeichnete.
Nicht nachweisbar? Wer weiß? – Vielleicht findet man später einen Beleg, es wird ja immer Neues entdeckt, ausgegraben, erforscht!
Das ist immerhin eine sogar für Kluge-Mitzka mögliche Etymologie.
Manchmal erscheint es uns wichtig, die Grundbedeutung eines Wortes zu erkennen, oder wir wollen wissen, aus welcher Sprache es stammt. Dann greifen wir zu den etymologischen Wörterbüchern und können Streitfälle schlichten oder kühne Schlüsse auf Urformen ziehen.
Es gibt sogenannte Lautgesetze, das heißt: erschlossene Regeln, nach denen sich Wörter verändern. So hat man Grundformen rekonstruiert und mehr als einmal den Triumph erlebt, daß diese Wortformen dann wirklich bei Ausgrabungen gefunden wurden. Bei der Erforschung der Gaunersprache ist eine solche Arbeit besonders interessant, weil sich viele Gaunerwörter aus ganz verschiedenen Quellen ableiten lassen. Es ist aber dann gar nicht leicht, die wahre Quelle zu erschließen.
So findet man zum Beispiel in der Arbeit eines Wissenschaftlers, der sich hauptsächlich mit Rotwelsch und semitischen Sprachen beschäftigt, ganz andere Wurzeln als im Werk eines Germanisten.
Ein Beispiel dafür: Eines der häufigsten Gaunerwörter für Kollege, Freund ist der Ausdruck Haberer.
Woher mag das kommen?
Die Germanisten meinen: *Haberer* ist der, er mit einem anderen lebt und ißt, der sozusagen die Futter-Ration der Pferde teilt, der des anderen Hafer genießt. Es kommt also vom Wort Hafer.
Nun ist aber das Wort Hafer ein germanisches Erbwort

und müßte im Wienerischen dem Prozeß der Verdumpfung unterliegen: Wasser, Vater, Bach, und was einem sonst an reindeutschen Wörtern mit dem Laut a einfällt, wird im süddeutschen Sprachraum fast wie o ausgesprochen: Wosser, Voter, Boch usw. (Dieses verdumpfte a schreibt der Fachmann so: å.) Demnach müßte es also *Håberer* heißen. Heißt aber *Haberer!*
Darauf angesprochen, kommen die Gelehrten mit noch gelehrteren Erklärungen: Es gebe in gewissen Alpentälern Ausnahmen von der Verdumpfungsregel; die Gaunersprache habe eine Sonderentwicklung durchgemacht, ein Gegenbeispiel von vielen sei die „Warze". Und wie – so sagen sie – steht es mit dem *Wasserer,* einer aus der Kutschenzeit bekannten Wiener Figur, dem Wagenwäscher, der ja auch nicht Wåsserer heiße?
Richtig?
Man kann einem Germanisten natürlich nicht zumuten, Hebräisch auch noch zu beherrschen, was aber ein Rotwelschologe (wenn diese Eigenbildung erlaubt ist) unbedingt können muß. Und da bietet sich dann ein Wort an, das in Israel noch lebendig ist: *Chaver,* der Freund und Kompagnon. Immer mit hellem a ausgesprochen. Und in vielen alten gaunersprachlichen Werken erwähnt. Sogar der hebräische Plural kommt dort vor: *Chaverim* = die Freunde. Und – schon erwähnt – *Chavrusse,* die Diebsbande.
Also in diesem Fall scheint mir eine Entscheidung möglich: Sowohl die vorhandenen Belege als auch norddeutsche Entsprechungen lassen es als sicher erscheinen, daß der *Haberer* vom jüdischen *Chaver* (das man auch *Chavver* schreiben kann) herzuleiten ist.
(Aber ehrlich gesagt, der *Wasserer* gibt mir doch zu denken ...)
Selbst wenn man mit großer Wahrscheinlichkeit einen alten Ausdruck etymologisch als Grundlage für einen

anderen ansieht, bleibt es meist dem Gefühl des Wissenschaftlers überlassen, ob er nach seinen Kenntnissen sprachlicher Zusammenhänge behaupten darf, daß es eben so sei und nicht anders.

Aber ganz so ungewiß ist es natürlich auch nicht immer. Bei vielen Wörtern läßt sich die Form methodisch zurückverfolgen, und wenn Zwischenformen bekannt sind, dann kann man mit großer Sicherheit erschließen, wo sie ihren Ursprung haben. In den großen Standardwerken der Etymologie ist meist jeder Zweifel behoben und die Genesis lückenlos dargetan. In solchen Büchern zu lesen, sich mit Etymologie überhaupt zu befassen macht viel Vergnügen und bringt einem ungeahnte neue Einblicke, und zwar nicht nur auf sprachlichem Gebiet.

Wenn mir ein Anglist erzählt, daß das englische Wort *Lord* noch vor etlichen 900 Jahren *hlaf-ward* geheißen hat und daß *hlaf* Brot bedeutet (jeder Wiener kennt den tschechischen Ausdruck *chleb*, auch das deutsche Wort *Laib* steckt darin) und daß *ward/weard* soviel wie Aufpasser bedeutet (siehe zum Beispiel Haus-, Luftschutz- und Turnwart), sodaß sich als Grundbedeutung für den Lord ein Brotaufpasser, ein Brotverteiler ergibt – dann sage ich schmunzelnd: Die Welt sollte mehr Etymologie betreiben, weil sie sich dann besser verstehen würde.

Rotwelschwörter unter der Sprachlupe

Die Schwierigkeiten der Etymologisierung von echten Rotwelschwörtern sind nicht so groß wie woanders, denn uns steht das große „Wörterbuch des Rotwelschen“ von *Siegmund A. Wolf* zur Verfügung, eine hervorragende Leistung von größter Akribie. Freilich, so wie die Germanisten auf ihrem Gebiet, schießt *Wolf* meiner Meinung nach auf seinem Gebiet übers Ziel und leitet fast alles aus dem Hebräischen ab. Und er macht – so sehe ich es – manches schwieriger, als es ist. So finden wir bei ihm das Wort *Hackn* für Arbeit von einem jiddischen *hogun* abgeleitet, was „ehrbar" bedeutet. Das könnte tatsächlich stimmen, wenn das Wort bei uns anders als das Dialektwort für das Beil, die Hacke ausgesprochen würde; also etwa Hoggn oder Hogene. Unsere Gauner sagen aber eindeutig Håckn, und es ist kein Grund einzusehen, warum dieses Wort aus einer Fremdsprache kommen müßte. Vielmehr hat höchstwahrscheinlich notgedrungen der arbeitswillige Bettler oder Vagabund von jedem Bauern zunächst ein Beil zum Holz-Zerkleinern (als primitivste und naheliegendste Arbeit) bekommen, wodurch die Hacke die Bedeutung Arbeit annehmen mußte. Wozu also in die Ferne schweifen?

Freilich: es gibt die schon erwähnte volksetymologische Umdeutung, einen Vorgang, der darin besteht, daß der Volksmund sich ein unverständliches Fremdwort eindeutscht und es so ausspricht, wie er es versteht: Wir sagen *Maulaffen feilhalten,* weil einst das norddeutsche „Mul apen vel halten" (das Maul viel offenhalten) schwer verständlich war; andrerseits war der *Maulwurf* früher ein Mu-werf; so heißt er im Althochdeutschen. Dieses Mu entspricht einem angelsächsischen *muga* oder *muha,* was soviel wie Hügel oder Haufen bedeutet. Er ist also ein Mugel-Aufwerfer, und das Wort Mugel gibt es in unseren Dialekten heute noch.

So könnte man das Wort *Hackn* also vielleicht – um der Gefahr einer zu einfachen Volksetymologie auszuweichen – doch von *hogun* herholen? Warum einfach, wenn's auch kompliziert geht?

Noch ein Beispiel:

Schab ist das Gaunerwort für Beute oder Gewinn. Auch die Alltagssprache sagt: Er hat einen guten Schab gemacht.

Wolf kommt uns hier mit der Methode: Suchen wir weit, aber gescheit. Er kennt ein jiddisches Wort *schibbaules*, jiddisch *schibboles* ausgesprochen, das Kornähre bedeutet, im übertragenen Sinn auch eine angefüllte Tasche. Also – dekretiert er – kommt Schab von Schibbaules, das ist die Tasche, in der man die Beute wegträgt. Die germanistische Deutung kennt ein mittelhochdeutsches Wort schoup, das es als Schab heute noch im bairisch-österreichischen Dialekt gibt und das ein Bund Stroh bedeutet. Also auch ein „Bündel".

Und warum könnte das nicht ganz einfach von *zusammenschaben* kommen!

Wem es wichtig genug ist, bei solchen Fällen eine hochprozentige Wahrscheinlichkeit für den Sieg einer Seite herauszubekommen, der muß in die Bücher, und zwar in die ganz alten Bücher, gehen. Nur dort kann er vielleicht alte Formen dieser Wörter finden, die eine definitive Entscheidung ermöglichen.

Aber immer wieder, auch in kniffligen Fällen, findet man bei *Siegmund A. Wolf* Rat und Aufklärung. Nehmen wir nur die beiden Wörter *Jaß* und *betakeln*. Bei beiden Wörtern habe ich durch eine Rundfunksendung und bei einem Zeitungsinterview die Öffentlichkeit zu Vermutungen und Volksetymologien verleitet. Es war nicht uninteressant, was da als Antwort gekommen ist. Da waren viele Zuschriften, die mich darauf aufmerksam machten, daß es ein Kartenspiel gibt in der Schweiz, das Jassen heißt, daß in alten Wörterbüchern der Jaß als Winterrock angeführt ist und daß tschechisch *jasny* „klar" heißt. Interessant war auch der Hinweis, daß es ein seltenes Kartenspiel namens Sensa oder Zenza gibt, bei dem die zwei höchsten Karten den

Titel Minell und Jaß tragen. Auch zu *betakeln* kamen Hinweise. Eine Dame wollte mir allen Ernstes erklären, daß das Wort aus der Seemannssprache stamme und mit der Takelage bei Segelbooten etwas zu tun habe.
Die Erklärungen finden sich bei *Wolf:* der *Jaß*, ein Kraftlackel auf seinem Gebiet, hängt mit dem aus dem Hebräischen kommenden Wort *chasoko* für Macht, Stärke und Kraft zusammen. Es ist übrigens interessant, daß *Jaß* im Jiddischen auch eine Bezeichnung für starken Schnaps, für Branntwein ist.
Und *betakelt* wurde ursprünglich einer, dem man mit Hilfe eines *Takels*, eines Nachschlüssels, an sein Eigentum ging. Es ist ein jiddisches Wort.
In diesen Fällen hat *Wolf* sicher recht mit seinen Ableitungen aus dem Hebräischen.

Woher kommt der Boß?

Es kommt schließlich keiner, der sich mit dem Rotwelschen befaßt, ohne die hebräischen Ableitungen aus. Manche bieten sich geradezu verlockend an. Ich denke da nur an meine Haberer-Beteuerungen. Und an den *Boß*.
Der Anführer einer Bande, einer Gruppe von Unterweltlern, ist nicht mehr der Häuptling, nicht mehr der Chef, es ist der Plattenboß.
Boß gehört also (auch) zur Wiener Gaunersprache.
Daher muß man das Wort etymologisieren, seine Herkunft feststellen, und weil es sich ja höchstwahrscheinlich um ein englisches Wort handelt, sucht man den *Boß* in der „Encyclopaedia Britannica", in dem großen Lexikon, das alles weiß. Und dort steht auch bei Boß: „From the netherlandish *bas*."
„Baas – das Wort kennen wir ja auch im Deutschen

und lesen im deutschen Lexikon: „Das Wort *baas* für Meister, Herr findet sich spät“ (spät!) „im Mittelniederländischen, es weist auf ein erschlossenes Wort *basa* zurück, dessen Bedeutung man nicht genau kennt.“
Also gut. Wir begeben uns ins Indogermanistische Institut der Wiener Universität und finden dort tatsächlich im holländischen Etymologiebuch einen Zusatz beim Wort Baas: „De Oorsprong is duister.“
Man muß nach dieser niederländischen Fehlanzeige also einen neuen Ansatz suchen.
Amerika. Seit wann gibt es dieses ominöse Wort im Amerikanischen?
Ein freundlicher Dozent der Anglistik holt sich von einem Regal den „Partridge“, ein englisches Slangwörterverzeichnis, und beweist, daß es das Wort erst seit ungefähr 1850 gibt. Es taucht zuerst als Zeitwort auf: *to boss somebody* – jemanden leiten, führen, gängeln. Wäre es älter, könnte man sich vorstellen, daß es von den holländischen Seefahrern gebracht wurde, aber in der ersten Hälfte des 19. Jahrhunderts haben die Niederländer in Amerika nicht mehr viel zu reden gehabt! Da stimmt doch etwas nicht.
Da kam mir *Friedrich Torberg* zu Hilfe: Zu dieser Zeit war die große jüdische Einwanderung in Amerika. Gibt es also ein jüdisch-jiddisches ähnliches Wort, das der Vorläufer des heutigen Boß sein könnte?
Es gibt.
Der Hausherr, der Paterfamilias, heißt *Baalbos,* und die letzte Silbe ist eigentlich schon das Wort Boß. *Baal* – das wissen wir schon – heißt der Herr, und *bos,* eigentlich *Bajis,* heißt das Haus; davon kommt ja auch unser *Beisl,* das kleine Wirtshaus, das in der Schweiz *Beitz* und in Norddeutschland *Beize* heißt. Baalbos also: Hausherr.
Und jetzt stelle ich kleiner David mich gegen den encyclopaedischen Goliath und behaupte: Von Baas führt

kaum ein Lautgesetz zum Wort Boß, da mag man mir noch so überzeugt von Südafrika, wo der Baas viel häufiger vorkommt, erzählen. Die Bearbeiter der Encyclopaedia mögen weise, durchaus gebildete und fast unfehlbare Gelehrte sein, in diesem Fall haben sie aber eine naheliegende Möglichkeit übersehen, und das kann doch vorkommen.

Daher behaupte ich so lange, bis ich wissenschaftlich vom Gegenteil überzeugt werde: Boß kommt nicht von Baas, sondern von Baalbos!

Vielleicht hab ich unrecht, aber Widerspruch ist das Salz der Diskussion, und wer alles ganz genau so zur Kenntnis nimmt, wie es in alten Büchern steht, der hängt sich selbst ein Schloß vor den Fortschritt.

Apropos jiddisch-jüdisch.

Als jüdisch bezeichne ich ein Herkunftswort, wenn ich es gefühlsmäßig aus dem Hebräischen herleite. Jiddisch setze ich vor ein Wort, das mir aus der schon geschilderten Nahsprache des Deutschen zu kommen scheint. Da das Jiddische aber aus dem Jüdischen entstanden ist, sind die Unterschiede meist unerheblich, und ich muß bitten, mir hier etwelche Ungenauigkeiten zu verzeihen. Um sie zu vermeiden, hätte ich mindestens zehn Jahre länger und gründlicher forschen müssen.

Ich habe es nicht getan.

Mea culpa!

Auch die Zigeuner reden mit

Mit dem fahrenden Volk der jüdischen Händler kamen schon früh die Zigeuner in Berührung, und sie haben auch in der Wiener Gaunersprache ihre Spuren hinterlassen. Es sind nicht viele, aber sie sollen erwähnt werden: *bango* heißt krumm, und dieses Wort kannten noch einige der Älteren. Aber die Jugend profitiert von den Heilerfolgen der Medizin, ist gesund und rank und braucht das Wort nicht mehr.

Daß das ungeheuer verbreitete Wort für Geld, die *Marie,* vom Zigeunerischen hergeleitet wird, wurde schon vermerkt. Es gibt dafür keine älteren Belege, und im Grunde glaube ich nur deshalb diese Ableitung, weil ich keine bessere Lösung auftreiben konnte. Aber es regen sich Zweifel. Laut *Wolf* (der Gelehrte hat auch ein Wörterbuch der Zigeunersprache geschrieben) heißt *maro* (auf der ersten Silbe betont) Brot. Konnte tatsächlich daraus unsere endbetonte Marie werden?

Außerdem gibt es für Geld eine Menge gaunersprachliche Ausdrücke. *Kies, Flieder, Moos, Kohlen, Mesimme, Spagat, Zaster, Zwirn* und viele andere, die eindeutig aus dem Rotwelschen kommen; warum also gerade Marie aus dem Zigeunerischen?

Wie gesagt, es regen sich Zweifel.

Und es regt sich die Phantasie.

Wir könnten uns ja eine Geschichte ausdenken: Da war ein junger Ganove, der seiner hübschen Braut namens Marie immer die Geldgeschäfte anvertraute. Wenn er sie mitbrachte, gab es Auszahlung für die „Kollegen". Er selbst hatte nie Geld bei sich. Vorsichtshalber. Aber wenn er sagte: „Ich bring heute die Marie mit" – dann wußten seine Freunde: Es gibt Geld. Es gibt Marie.

So könnte es gewesen sein. Es gibt mehrere vergleichbare Beispiele für eine solche Entwicklung. Wörter, die in einem kleinen Kreis aus rein persönlichen Gründen erfunden werden und später immer weitere Kreise zogen und populär wurden, nennen wir Spontanbildungen. Wir begegnen ihnen bei den Zuhältern und auch sonst, als mehr oder weniger verballhornten Zitaten aus einem Theaterstück, vielleicht sogar in unserer engeren Bekanntschaft und Verwandtschaft.

Man hört in Wien noch heute sagen: „du blinder Hess" und meint dann jemanden, der nicht gut oder vieles nicht sieht. Warum soll ein Hesse blind sein?
Die (sehr wahrscheinliche) Lösung aus dem Wörterbuch von *Julius Jakob:* Es gab in Wien vor etlichen hundert Jahren einen bekannten Feldmarschall, Heinrich Freiherr von Hess, der einäugig war.
Aber sonst kommt man den Spontanbildungen nur selten auf ihre wahre Herkunft.
Zurück zum Zigeunerischen:
Nicht nur in Gaunerkreisen, sondern ganz allgemein sagt man in und um Wien, wenn es sehr kalt ist: *Es håt an Fåden*. Bitte, warum „hat es einen Faden"? Was hat ein Faden mit niedrigen Außentemperaturen zu tun?
Schauen Sie bitte im Zigeunerwörterbuch nach: *fadin* heißt kalt. Das dürfte also stimmen.
Und zum Abschluß dieses Kapitels eine sehr gewagte Zigeuneretymologie: Das Wort *Tschumpus* für Gefängnis kennt man heute noch allgemein. Es klingt lateinisch und könnte aus der Studentensprache kommen. Dem ist aber nicht so. *Scor* oder *tschor* ist ein Zigeunerwort für Dieb, und in der zweiten Silbe, *pus,* steckt wieder das jüdische Wort für Haus: *bajis*.
Und da gibt es sogar eine ältere belegte Form, die *Tschorbais* lautet. Tschumpus ist also Tschorbais und auf deutsch: Diebshaus.

Auch andere Wurzeln müssen gezogen werden

Der Einfluß besonders des Tschechischen auf die Gauner- und auch die wienerische Umgangssprache ist erheblich und auch allgemein bekannt. Ebenso der umgekehrte Vorgang, nämlich der Einfluß des Wienerischen auf das Tschechische. In alten tschechischen Rotwelschbüchern finden wir noch, daß Spielkarten *Hadri* hießen, was natürlich nichts andres ist als eine verballhornte Form von *Hadern* (Lumpen, Fetzen), und das ist auch heute noch ein Gaunerausdruck bei uns, wenn man am Spieltisch sitzt. Oder *knajzowati* heißt – oder hieß – bei den dortigen Gaunern das gleiche, was wir heute noch mit *gneißen* bezeichnen, nämlich erkennen, verstehen. Dazu sagt der Wiener auch noch *überringeln, überknistern*. Das Wort gneißen ist übrigens ein Erbwort, das auch im Bairischen vorkommt und das mit dem lateinischen *(cog)noscere* zu tun hat. Hier ist nicht Platz genug für die große Anzahl von Wiener Ausdrücken in der tschechischen Gaunersprache; beim Durchblättern des tschechischen Rotwelschbuches von *Karl Treimer* (erschienen in Heidelberg 1937) fand ich jedenfalls eine Menge alter wienerischer Bekannter.

Das Messer hat bei uns viele Ausdrücke: *Man* – gesprochen: *mau* (nasaliert), *Schirm, Krawanka, Griffel, Gurken, Fisch, Feitel, Biene,* aber der häufigste ist *Nusch* oder *Knusch*.

Der klassische Ausspruch eines schon mehrmals wegen Messerstecherei verurteilten Galeristen: „Wan i an Gachen kriag, fliagt ma's Nusch in die Pratzen" – Wenn ich zornig werde, fliegt mir das Messer in die Hand. *Nuž* – mit stimmhaftem sch, wie in Journal – heißt noch heute das Messer im Tschechischen. Und *klič* heißt Schlüssel, und ein Wiener Galerist, der mir von seinen Fähigkeiten als *Nachklutschmalochner* erzählte, wollte mir nicht glauben, daß er ein tschechisches Wort verwendet hatte.

Baraber oder *Baraberer* ist der Schwerarbeiter. Das Wort kann vom tschechischen *baraba* = Bahnarbeiter oder *paroba* = Knechtschaft kommen.

Etwas, was nicht mehr da ist, ist *taschri* 'gangen – *cary* heißt Zauberei. Andere Sprachforscher kennen ein entstelltes italienisches Wort *scari* für zerschellt. Ich bin für das tschechische.

„Was *måtschkerst* d'denn?" fragen wir einen, der offenbar alles übelnimmt. *Måtschkern* ist noch am ehesten mit „ständig schmollen" oder „immerfort räsonieren" zu übersetzen. In den Mundarten bedeutet es Tabak kauen. Und da haben wir die Vergleichsbasis: bei beiden Tätigkeiten ist der Mund ununterbrochen in Bewegung. Das Wort kommt von *močka* – das ist der flüssige Tabaksrest in einer ungereinigten Pfeife. Eine eher unappetitliche Angelegenheit.

Beispiele für nicht gerade tschechische, aber slawische Grundwörter im Wienerischen: *Plutzer (plucar,* polnisch) für Kopf, *Apparatschik* (russisch) für einen willenlos-gehorsamen Plattenangehörigen und endlich das so besonders häufig gebrauchte Wort *Tschusch,* womit der Wiener fast jeden Nichtwiener südöstlicher Provenienz bezeichnet. Beim Bau der Wiener Südbahn arbeiteten viele Jugoslawen mit, die immer wieder die anderen fragten: *Cujés* – Hörst du mich? Verstehst du? Den Italienern und den österreichischen Arbeitern war das unverständlich, aber später bekam diese ganze Balkangruppe den Namen Tschuschen. So wurde eine unverstandene Frage zu einem beleidigenden emotionsgeladenen Namen, der bis heute als Problem die Gemüter erregt. Nicht nur die der Gastarbeiter!

Romanischer Lieferanten-Eingang

Romanische Wurzeln sind nicht so häufig wie die slawischen. Immerhin hat die napoleonische Besatzungszeit und der Wiener Kongreß mit den vielen französischen Bedienten einiges hinterlassen.

Nicht jeder weiß, daß die Leichenträger, die hier *Pomp-*

finäberer heißen, ihren Namen den französischen Bestattungsfeierlichkeiten, den *pompes funèbres,* verdanken. *Pofel* könnte jüdisch interpretiert werden; angeblich gibt es ein talmudisches *bafel,* was minderwertige Ware bedeutet. Aber – und jetzt wird es ganz „gelehrt" – dieses *bafel* wird von einem mittelhochdeutschen Wort *bofel* beeinflußt, und dieser Ausdruck wieder kommt von dem ostfranzösischen *poble,* das eine Weiterentwicklung des lateinischen Wortes *populus,* also Volk, darstellt. Daher – romanisch!

Es gibt aber auch eine Nebenform, nämlich *power,* armselig, bemitleidenswert, und dieses Wort könnte von französisch *pauvre* = arm abgeleitet werden. Der verehrte Leser kann sich's wieder einmal aussuchen.

Mit dem aus dem Französischen stammenden *Gschwufen* haben wir uns schon befaßt.

Das Fernsehen heißt in Wien jetzt allgemein *Påtschenkino,* ein gewiß treffender Ausdruck, in dem man französische Wurzeln kaum vermutet. Denn die Hausschuhe, die *Påtschen,* beziehen ihren Namen von dem französischen *botte* = Stiefel, ein Wort, das schon in der Spätantike ins Deutsche gelangte: *boz* heißt mittelhochdeutsch der Schuh.

Auch die Italiener haben unsere Gaunersprache und ganz allgemein den Wiener Dialekt bereichert, weil die „Katzelmacher" als Salamutschimänner, als Tanzlehrer, als Wanderhändler und in vielen anderen Berufen in Wien sehr beliebt – und natürlich auch wieder unbeliebt – waren. Übrigens *Katzelmacher:* das sind Menschen, die *gazzara* machen, und das ist Lärm, auch freudiger Lärm. Das Wort kann aber auch von den hölzernen Schöpfkellen kommen, von den *Gatzelen,* die von vagabundierenden Händlern verkauft wurden. Es könnte auch auf die Gipskatzen anspielen, die von den italienischen „Figurmännern" angeboten wurden. Sicher aber kommt es nicht von dem italienischen Wort für den männlichen Geschlechtsteil *il cazzo,* weil dazu das Wort „-macher“ nicht passen will und weil das ja auch wirklich kein Nationalspezifikum der Italiener ist. Wenn das also jemand mit lüsternem Lächeln erzählt: der macht sich nur wichtig.

Glücksspieler sind meist zwielichtige Persönlichkeiten, bei uns ist ein *Falott* sogar etwas noch Ärgeres. Aber sein Name kommt von *fa lotto* – er macht sein Spiel, und wenn heute jeder Kartenspieler ein Falott wäre, wir hätten kaum noch honette Menschen unter uns.

Wenn wir norddeutschen Freunden das Wort *Rotzbua* erklären wollten, könnten wir es mit „Knabe des Nasenschleims“ übersetzen. Aber wie übersetzen wir dann *Rotzpipn,* was ja ungefähr das gleiche bedeutet, nur um eine dünne soziale Schicht tiefer gekühlt? Nun – der zweite Teil kommt auf dem Handelsweg über Italien aus dem Deutschen ins Deutsche: *pipa,* die Pfeife, der Wasserhahn, alles Rinnende; „du Pipn!“ ist eine beliebte Anrede unter Stammtischfeinden.

Warum ausgerechnet das italienische Zahlwort für fünf, nämlich *cinque,* im Wienerischen schlecht, wertlos bedeutet, ist mir schon immer unklar gewesen. Ob der Beginn von Figaros Hochzeit damit zusammenhängt? Jedenfalls fällt mir zu diesem seltsamen Wort nichts Besonderes ein, und das ist ausgesprochen *tschinkwe!*

In den Jahren zwischen 1930 und 1936 – den berühmten Krisenjahren – war eine Zigarette ein großer Wert, und es gab viele, die auf Raten rauchten. Eine „Memphis“ – so heißt eine Sorte – hieß zum Beispiel, je nach Größe und Zustand: Memphis, Vizememphis, Fis (nämlich die halbe Zigarette). Was überblieb, gleich welche Sorte, heißt heute noch *Tschik* und *Lippensiader,* ein sehr plastisches Wort für den Minitschik, der einem den Mund siedet.

Tschik kommt auch aus dem Italienischen. Dort heißt *cicca* Zigarettenstummel, und es gibt sogar ein Wort für unseren „Tschikarretierer" (= Kippensammler), nämlich *Ciccaiuolo*, aber der hat sich nicht in die Gaunersprache eingeschlichen.
Ob das Wort *Remasuri*, das Durcheinander bedeutet, wirklich vom italienischen *(r)ammassarsi* = sich versammeln, sich zusammendrängen, kommt, wage ich zu bezweifeln.
Eine Kuriosität aus dem Portugiesischen ist das Wort *palavern* für verhandeln. Aus griechisch-lateinisch *parabolo* für Wort (daher auch Parabel) wird auf der Iberischen Halbinsel *palavre*. Portugiesische Händler brachten es auf dem Umweg über Afrika unter anderem auch nach Wien.
Der Lieblingsspruch des „schönen Otto" – er war ein Zuhälter, der heute in einem ländlichen Ort als Gemeindebeamter lebt (auch so etwas kommt vor) – also der schöne Otto sagte immer, wenn die Verhandlungen mit potentiellen Freiern allzulang dauerten:

Ava, ava, kein Palava,
kein Gedaber und kan Tratsch,
weil i brauch kan Palawatsch.

Palawatsch oder *Balawatsch* ist ein ärgerlich-dummes Durcheinander.
Es kam aber dann doch zu einem Palawatsch, als eines seiner „Pferderln" ein Kind von ihm erwartete und es durchsetzte, daß er mit ihr aufs Land zog, wo sein Vorleben unbekannt war, seine überraschend solide Bildung aber bald bekannt wurde, sodaß er, als er für einen plötzlich verstorbenen Angestellten einspringen mußte, eine bürgerliche Karriere beginnen konnte.
Palawatsch könnte italienisch erklärt werden: *Jakob*

nennt in seinem Wörterbuch eine *balordaggine* = Tölpelei. Besser schmeckt mir die Erklärung von *Walter Steinhauser: palovac* von *paliti,* was soviel wie brennen und (durcheinander) laufen heißt. Also noch einmal tschechisch.

Sonst noch was?

Nimmer viel. Aber wenn man sich nicht auf den Ganovenslang beschränkt und den erweiterten Wiener Dialekt auf Fremdwörter nicht-indogermanischer Herkunft untersucht, dann gibt's ein paar ungarische Möglichkeiten.

„*Hardex* no amol!" flucht so mancher, dem irgendwas mißlungen ist, und er weiß nur in seltenen Fällen, daß er damit den Teufel zitiert, denn *ördeg* heißt der Gottseibeiuns bei unseren Nachbarn donauabwärts.

„Der ist ja *hinich* unterm *Tschako"*, sagt man von einem, der sein Geisteslicht nicht unter einen Scheffel stellen kann, weil es ihm sowohl an Licht wie an Scheffel gebricht. Tschako ist eine militärische Kopfbedeckung, ein Heldenhut aus Ungarn, der dort *csáko* hieß. Und hinich ist eine interessante Suffigierung; der Wiener liebt es, ihm zu kurz erscheinende Eigenschafts- oder auch Umstandswörter zu verlängern, wenn sie im bürgerlichen Leben der Alltagssprache auf Selbstlaut enden: a rosane Blus'n, a lilaner Huat, a nobliche Gsellschaft (zu *nobö)* und a hiniches Hirn (zu *hi).*

Auf der Alten Donau, auf dem Heustadelwasser oder anderen Gewässern rund um und in Wien fahren oder schwimmen auch heute noch keine Boote, keine Kanus und keine Kähne, sondern nur *Schinakeln.* Die kommen alle aus dem Magyarischen, auch wenn sie in Kagran gebaut und verwendet werden: *Csónak* heißt der

Kahn, das Schiff. Ich hatte einmal die Ehre, den „Schinakelfladerer" (fladern = stehlen) kennenzulernen, einen Herrn, der den Winter über privatisierte, weil es da keine Schinakeln gab. Im Sommer aber lebte er (sehr gut) davon, daß er mit einem eigenen Schinakel zur Hirscheninsel fuhr, zum größten Nacktbadeplatz von Wien, es irgendwo anband und dann vorsichtig und systematisch die Kleider der weit draußen Schwimmenden untersuchte. Er hat mir aber beruhigend versichert, daß er noch nie Hosen, Büstenhalter oder Blusen hat „mitgehen" lassen, weil: „A bisserl was fladern tuat net weh – aber die Sittlichkeit, die muaß gewahrt bleiben!"

Apropos Schinakelfladerer: Das Wort *fladern* für stehlen ist nicht ganz leicht zu erklären, was bei sehr häufig gebrauchten Wörtern selten ist. Im Rotwelschlexikon fand ich das Wort *fladdern* = waschen, abschwimmen. Lautgesetzlich könnte es mit flattern zusammenhängen; vielleicht ist damit die Bewegung der Diebshand gemeint.

Jeder Wiener weiß, daß die *Maschekseitn* ganz einfach die „andere" Seite ist, aber nicht bekannt mag ihm sein, daß „der andere" auf ungarisch *a másik* (å maaschik) heißt. Bei der Militärmusik gibt's die *Tschinellen*, die Becken, zwei Blechgongs, die gegeneinander geschlagen werden. Es bekommt sozusagen eine Blechscheibe von der anderen eine Ohrfeige. Einer meiner Gewährsleute erzählte mir: „Dem hob i a Tschinölln umghängt, daß eahm des Kinn auf dreiviertelzwölfe stehnblieben is." Nach dieser plastischen Schilderung begab ich mich auf die Suche: In einem alten Wiener Dialektwörterbuch findet sich: „Tschinelle = Schlagbecken bei der türkischen Musik; auch Ohrfeige." Na bitte! Türkisch können sie auch, die Wiener.

Trinkgeld, überhaupt jede Art von Sonderverdienst, heißt hierzulande *Schmattes* oder *Backschieserl*. Ersteres stammt aus dem Jiddischen und aus der Zeit der Inflation nach dem Ersten Weltkrieg, als die großen Geldscheine weniger wert waren als ein Fetzen. Man gab also einen *Fetzen* als Trinkgeld, und Fetzen heißt in der Mehrzahl jiddisch: *Smartut*. Daraus wurde *Schmattes*.

Backschieserl ist unschwer als das morgenländische *Bakschisch* zu entlarven, und man hat mir versichert, daß es sich um ein persisches Grundwort handelt. Wer es uns gebracht hat, ob es die Karl-May-Lektüre oder persische Teppichhändler waren, ist nicht so wichtig. Hauptsache, wir sind weltaufgeschlossen. Das ist gut für den Fremdenverkehr, und der ist wieder gut für die Gauner.

Das Kaffeehausmilieu

Viele Ausdrücke, jetzt einmal ohne Rücksicht auf ihre etymologische Herkunft, verdankt die Gaunersprache dem Beisel und noch mehr dem Kaffeehaus.

Im Hinterzimmer rennt noch heute der *Stoß*, das heißt: es wird jenes verbotene Glücksspiel mit Karten gespielt, das jeder echte Galerist beherrscht und mit dem jeder Gscherte um sein letztes *Gerstl (Gerschtl* = Geld) gebracht wird, wenn er zum ersten Mal aus seinen ländlichen Bezirken in die Großstadt kommt.

Die Gscherten, die „Geschorenen", die Leute vom Land, heißen so, weil vor Jahrhunderten den Leibeigenen die Haare kurz geschoren wurden.

Was tut sich also alles im kleinen Vorstadt-Café, im Tschecherl, und was bedeutet das für uns?

Zuerst einmal der Name: Da soll es doch in grauer Vorzeit ein Wirtshaus „Zum linken Schächer" gegeben haben, wo guter Wein und willige Partner gefunden wurden. Also gingen die Wiener „zu d'Schächer" (sie meinten damit offenbar die beiden Schächer), und daraus wurde das Wort *Tschecherl*. Davon könnte auch das Wort *tschechern* für trinken kommen. Schonungsvoll umschreibt die Galerie das Wort Säufer mit *Tschecherant*.

Aber wie immer: es gibt auch eine sehr plausible Rotwelschableitung für dieses Wort, die sogar wahrscheinlicher ist: *schejcher* heißt ein berauschendes Getränk, in einem Wörterbuch wird es mit Bier übersetzt. Sodann muß man dieselbe Erklärung für den anlautenden Dental wie bei Schächer herholen, etwa: „Wir gengan zu d'Schejcherer", wobei von „den" nur das d übrigbleibt. Dental ist übrigens nichts Unanständiges: die Laute d, t, th werden an den Zähnen gebildet, manche Gebildete können Latein, der Zahn heißt lateinisch dens, also Dental = der Zahnlaut.

Statt Tschecherl sagt man übrigens auch *Tschoch*. Tschoch aber heißt meist schwere Arbeit. Für diesen Wechsel von e zu o gibt es sehr gelehrte Erklärungen, wer will, kann bei *Steinhauser* nachlesen.

Jetzt sind wir also endlich im Tschecherl gelandet. Und da sitzen sie gemütlich beisammen, lauter gewiefte Herren, denn man sagt, sie wüßten allesamt, *wo der Barthel den Most holt*.

Eigenartig: Wieso sollen ausgerechnet diese Herren wissen, wo ein gewisser Herr Bartholomäus in Wien das vor allem für Oberösterreich typische Getränk holt?

Rotwelsch müßte man können!

Barsel ist ein uraltes jiddisches Wort für Stemmeisen, und die *Moos* (von jiddisch *moo, moos* = Pfennig, hebräisch *meies* – viel) bedeutet Geld.

Und plötzlich ist alles logisch: Der Mann, der weiß, woher man mit dem Stemm- oder Brecheisen die Moos, also das Geld, holt, der ist eben weise, er ist ein *Chochem,* ein Weiser. *Er hat's heraust wia der Krowot 's Hemad.* (Das wiederum bedeutet, er habe den Dreh, den Trick heraust [wo kommt das t her?], er habe es also heraus, so wie der Kroate – bekanntlich und lange vor der Erfindung des Buschhemds – das Hemd über der Hose trug, also „heraust" hatte.)
Im Kaffeehaus kann man plaudern, Schach und Karten spielen und dem Billardsport huldigen. Drei Gaunerausdrücke kommen vom grünen Brett mit den drei Kugeln: *verkehrt scheiben, Buserer* und *gicksen.*
Ein *Verkehrtscheiber* ist ein Mensch, der sich einer unreinen Gangart befleißigt – das kommt von einem Stoß beim Billard, den man „verkehrte Quart" nennt. Wer einen Stoß mit Vorbande durchführt, der spielt in Wien einen *Buserer,* da kommt der Spielball von der Bande, quasi von hinten, und das, wörtlich ins Französische übersetzt, heißt dann *pousse arrière* – in Wien eben Buserer. Ein Buserer ist ein starker Stoß, neuerdings auch ein Autozusammenstoß.
Gicksen bedeutet in der Gaunersprache ausrutschen, Mißerfolg bei Taschendiebstählen haben, aber auch ganz allgemein stehlen: „A klaner Gickser is ka Sünd" – pflegte ein in Fachkreisen als geschickter *Schlieberer* (Taschendieb) bekannter Billardspieler zu singen, wenn er mit seinem Queue den Ball verfehlte, und das meinte er immer doppelsinnig. Er war übrigens sehr stolz darauf, daß ein bekannter Zirkusartist, der dem Publikum vor aller Augen Uhren, Brieftaschen und ähnliches stibitzte und damit weltberühmt geworden war, bei ihm „in die Lehre" gegangen war.
In Wien heißt der Billardstock *der* Queue, sonstwo heißt er *das* Queue; eigentlich müßte es *die* Queue

heißen, denn *la queue* heißt französisch der Schwanz, lateinisch *cauda;* damit hängt auch das musikalische Nachspiel, die Coda, zusammen. Der erwähnt Schlieberer erzählte mir einmal: „Ich kumm ins Tschoch – spielt da ein fremder Mensch mit meinem Köh. Ich sag: ‚Herr – das ist mein Köh!' Sagt er: ‚Herr, das ist mein Köh!'"– Ich unterbrach ihn: Er solle mir doch nicht die bekannte Girardi-Anekdote erzählen, wo es zum Schluß heißt: „Und wie sie den Herrn dann mit Essig gewaschen haben, komm ich drauf, daß es wirklich sein Queue war." Aber die kannte er gar nicht. Seine Geschichte ging so weiter: „Alsdann, wir vergleichen die Köhs genau, gehen in a dunkle Ecken, schließen Freundschaft, ich klopf ihm auf die Schulter, er umarmt mich, mir tätscheln si alle beide freundlichst ab – und dann is er gangen. Was war? Der Mann war ein Fachkollege von mir. Seither hab ich seine Uhr und seine Brieftaschen, und er hat meine – und die Köhs hammer aa vertauscht!"

Und nun etymologische Bemerkungen, die ich Ihnen noch schuldig bin: *Chochem* kommt von jüdisch *chacham* – der Weise und wird nur noch selten gebraucht. Aber in der besseren Gesellschaft wird heute noch gerne *gechochmezt,* also überspitzt geredet, und alte Hasen behaupten noch manchmal, daß sie die *Chochemloschn* sprechen, also die Sprache der Weisen. Bei diesen Leuten heißt dann die Muttersprache auch noch *Mameloschn.* Hebräisch *laschon* = die Zunge, die Sprache.

Schlieberer (auch *Sliewera, Schlipper)* soll mit *schlüpfen* zusammenhängen. So steht es im Rotwelschlexikon.

Aber genug vom Billardtisch. Gehen wir ins Hinterzimmer.

Da sitzen sie also beim Kartentisch, die ehrenwerten

Tippler: hemdsärmelig, das Plafondel am Eiertiti, weil die Düsen bleibt oben, und dann werden die Hadern g'rissen – ein Preferl oder ein Bauernschnapser.
Plafonderl, Düsen, Bre – alles Synonyme für den Hut. *Plafondel* ist offensichtlich der wienerisch-verkleinerte französische *plafond,* die Zimmerdecke, *Düsen* könnte eine Zusammenziehung von *d'Hülsen* sein, denn auch das Wort Hülse wird manchmal auf den Kopf gesetzt, und *Bre* ist unerklärt. *Titi* für Kopf ist in mehreren Formen im Gebrauch: Didi, Titus oder Titas, das kommt sicher vom französischen *tête,* lateinisch *testa.*
Kartenspielen heißt nun einmal *Hadern reißen,* wobei *Hadern* ein recht interessantes uraltes Wort ist. Schon althochdeutsch heißt *hadara* Lappen, aber auch Schafspelz und ist gleichbedeutend mit Lumpen und (nur bei uns) Fetzen. Wußten Sie, daß die kombinierte Form *Haderlump* sich schon bei Martin Luther findet?
Tippeln ist eigentlich ein Wort für einbrechen. Grundbedeutung: gehen, wandern, daher *Tippelbruder,* und heute ist der Tippelbruder – also der Vagabund – im Aussterben, aber der Kartentippler feiert immer wieder fröhliche Urständ.
Preferl ist ein Diminutivum, also eine Verkleinerungsform von *Préference,* dem zweitpopulärsten Kartenspiel in Wien, das in vielen Punkten und Regeln dem norddeutschen Skat entspricht.
Noch beliebter allerdings ist das *Schnapsen,* in Deutschland Sechsundsechzig genannt. Dieses Spiel hat deutliche Spuren in der Umgangs- und Gaunersprache zurückgelassen; das reicht von *zuadraht ist,* womit man den Abschluß eines Vorganges oder das Zunichtewerden einer Chance bezeichnet, bis *der macht bei mir kan Stich* und *jetzt bin i ausn Schneider,* was soviel heißt wie „jetzt kann mein Verlust nicht mehr sehr groß sein".

Zu den polizeilich verbotenen Glücksspielen gehört der schon erwähnte *Stoß* – die damit beschäftigten Spieler werden Stoßbrüder benannt, und dieses Wort ist zu einer nicht sehr schmeichelhaften Gruppenbezeichnung geworden. Verboten ist auch das aussterbende *Naschiwaschi,* das seinen Namen aus dem Tschechischen bezieht: *năsi-văsi* heißt: unsere-euere. Bei diesen beiden Spielen wird der *Testpilot,* also der Kunde vom Land, immer durch Falschspiel hereingelegt, seine *Habe* wird von den Partnern sorgsam *geborgen,* daher bezeichnen sich Falschspieler selbst auch als *Habsburger.* Dem alten Franz Joseph bleibt wirklich nichts erspart!

Wenn einer alle Karten einer Farbe weggeworfen hat, dann ist er *schkat,* vom italienischen *scartare,* wegwerfen. *Schkat* ist ein häufiges Gaunerwort, das wegen des ähnlichen Klanges von *stad* mittelhochdeutsch still, leise, oft alternativ und besonders in Zusammensetzung gebraucht wird. Ein Unterstandsloser ist *stranzenschkat* oder *-stad,* weil er kein Bett hat, keine *Stranzen.* Für dieses Wort haben wir wieder einmal zwei schöne Erklärungen: Wenn es uns von den italienischen Wanderarbeitern gebracht worden ist, dann ist es eine Mischung von *straccio* = Lumpen, Hadern und *stanza* = Zimmer. Die Germanisten aber kennen ein *strunzen,* das im Mittelalter soviel wie müßig herumlaufen hieß.

Arm ist ein Kartenspieler, der *schmähschkat* ist, dem also die Idee, die Einfälle zum Weiterspielen fehlen.

Der Arbeitslose ist *hackenstad,* ebenso häufig auch *hackenschkat,* und der, der gar kein Geld hat, ist *tippelschkat* oder *Neger.* Dem fehlt also jeder Tippel Geld – dafür kommt auch die Form *tippidoo* vor, die man auf – wieder italienisch – *debito,* die Schuld, zurückführen kann.

An einem anderen Tisch rollt der *Derling,* da wird *geknobelt.*

Derling ist der Würfel und kommt angeblich aus dem Jüdischen, wo *dor* kreisen heißt. Dagegen kommt *knobeln* aus dem Mittelhochdeutschen; *knovel* ist dort der Knöchel, und die Würfel wurden einst aus Knochen geschnitzt. Bei diesem Spiel muß sich der Frankist besonders in acht nehmen: Beliebt sind Würfel, die – mit Hilfe einer Gewichtung auf einer Seite – meist dieselbe Augenzahl zeigen und immer wieder ausgetauscht werden, je nachdem, wer drankommt.
Wenn die Gefahr besteht, daß ein *Razzerl* stattfinden, daß unvermutet die *Schmier* auftauchen könnte, dann wird um *Tantes* gespielt, damit die *Höh* keinen *Flieder* findet. *Razzerl* ist kein Geheimwort, sondern lediglich eine wienerische Form von Razzia, was seinerseits ein arabisches Wort ist: *ghazijah* heißt der Kriegszug eines Stammes gegen den anderen. Es taucht auf dem Umweg über das Französische zum ersten Mal 1860 in Wien auf.
Schmier ist der Polizist, der Wachmann; jiddisch *schemiro* = der Wächter.
Tantes, Dantes oder auch *Tanterlinge* (so im Wiener Wörterbuch von *Jakob)* sind Jetons, Spielmarken oder auch wertlose Münzen.
Die *Höh* ist die Polizei; vielleicht weil sie früher beritten also „in der Höh'" war. Andere glauben, daß der Name von dem Anruf „höööda" kommt, mit dem man Verbrecher zu stellen versuchte. Ist aber wohl abzulehnen. Es gibt freilich auch das jiddische Wort *heh* für *Polizei.*
Flieder ist ein häufiges Wort für Papiergeld.

Von der Zweideutigkeit zur Vieldeutigkeit

Ein Phänomen, auf das man sowohl bei persönlichen Befragungen als auch beim Vergleichen von Gaunerwörtern stößt, ist die Fülle der Bedeutungsinhalte, die in der Gaunersprache mit einzelnen Wortkörpern verbunden werden. Der Fachausdruck dafür ist Polysemie, Bedeutungsvielfalt.

Nehmen wir uns ein paar Beispiele vor:

Koberer ist oft nur ein guter Freund, ein zur Gesellschaft Gehöriger. Aber auch ein Polizist ist ein Koberer, ebenso der Gastwirt, der Kuppler und im weiteren jeder dienstbare, gefällige Mensch. Ursprünglich war es sicherlich der Vermieter von Schlafgelegenheiten, denn eine *Koberei* ist noch heute eine Wirtschaft, eventuell auch ein Bordell. Das Wort kommt vom rotwelschen *kubbo* oder *kowo* und bedeutet: die Schlafkammer und der, der sie vermietet.

Es gibt auch andere Sinnerfüllungen: Ich kannte einen Winkeladvokaten, der stets dienlich zu sein versuchte, wenn es um gute Beziehungen zur Obrigkeit ging, und dann regelmäßig sagte: „Glaubts mir, meine Herrn: Besser wiar a faderer Haberer ist a oberer Koberer."

Auch die Hehler werden manchmal Koberer genannt, wenn auch das Wort *Gajer* oder *Verdrahrer* häufiger verwendet wird. Davon war schon die Rede.

Fettn (und *Schmalz)* sind in der Gaunersprache vor allem die Haft, die Strafe. Aber auch der Rausch und das Effet beim Billard, der Drall, den man dem Ball durch seitliches Anspielen gibt, heißt *Fett*. Und manchmal – wenn auch seltener – ist es das Geld, das einer bei sich trägt und durch das er zum potentiellen Opfer wird.

Quetschn ist erstens das Arbeitshaus (das heute noch auch *Drescherl* heißt, weil man vor hundert Jahren dort gedroschen, geschlagen wurde), es ist aber auch jeder kleinere Gewerbebetrieb, vor allem eine kleine Druckerei, ein Gasthaus und – erst in neuerer Zeit – die kleine Handharmonika, die durch Quetschen und Auseinanderziehen ihre Töne erzeugt.

Pledern heißt werfen, schnellfahren, saufen, laufen, vom Wind aufgebläht werden – es ließe sich von blähen ableiten, wahrscheinlich kommt es vom mittelhochdeutschen *bleteren*, sich schnell vorwärtsbewegen. Im Jiddischen gibt es das Wort *pledern*, sich davonmachen. Und bei dem Wort *Murrer* ist es überhaupt nicht möglich, von einer Grundbedeutung zu reden: es bezeichnet jede Ansammlung von Gegenständen, es kann die Beute als Ganzes, aber auch eine Beschimpfung sein, und die Reihe der Beispiele kann jeder Kenner nach Belieben vermehren.

Nun gibt es – so wird man mir einwenden – ja auch in der Hochsprache Wörter, die vieldeutig sind, aber sicher nicht in dem eben aufgezeigten Ausmaß. Vielleicht war das früher auch in der Gaunersprache nicht so sehr der Fall. Da aber immer wieder Rotwelschausdrücke in die Umgangssprache sickerten, mußten die Ganoven, um der Geheimhaltung willen, ausweichen, und sie nahmen eben, was schon da war. Im Sinnzusammenhang gibt es ja nur selten Verwechslungen und Mißverständnisse.

Das ist die eine Erklärung für die auffallende Bedeutungsvielfalt.

Die andere ist, daß man in Gaunerkreisen sorgloser hinsichtlich der Geheimhaltung geworden ist und es mit der Genauigkeit nicht mehr so genau nimmt. Und die dritte, die nostalgische: daß es halt auch bei den Gaunern nicht mehr so ist, wie es einst war.

Die Jungen zwitschern nicht mehr, wie die Alten sungen …

Was ist ein Spießer? Ganz klar: ein moralinsaurer älterer Herr mit Scheuklappen und ohne Verständnis für jugendliche Eskapaden. Sein Name kommt ja auch von den mit Spießen bewaffneten Bürgerwehren, die von den Studenten ob ihrer allzu strengen Grundsätze gehaßt und bespöttelt wurden.

Als ich aber einmal im Gespräch mit einem jüngeren Galeristen auf dieses Wort kam, wurde ich belehrt, daß man unter einem *Spießer* heute einen Voyeur versteht, also einen Menschen, der alles riskiert und es sich einiges kosten läßt, um bei einem nicht aktenkundigen Liebesakt als Zuschauer dabeisein zu können.

Spießer sind für die Unterwelt wichtig: Man kann sie nicht nur leicht *melken* (also: Geld von ihnen bekommen), indem man ihnen eben das bietet, was ihnen solche Freude macht, sondern sie können unter Umständen von einem *Scharfnehmer auszuzelt*, das heißt von einem Erpresser auch noch nachher gewinnbringend „ausgesaugt" werden. Hier könnte eine Bedeutungseinengung vorliegen: Das Wort Spießer wurde immer mehr auf jene Typen von Spießbürgern angewendet, denen man das Praktizieren doppelter Moral nachsagen kann. Solche „Moralisten" gehen dann als Schäfer gern auf die Augenweide. Den jungen Ganoven ist die ursprüngliche Bedeutung des früheren Spießers gar nicht mehr bekannt. Einer meinte, daß das eigentlich *Spicker* heißen sollte, weil sich solche Leute etwas „ohspicken", also abschauen, wollten. Später habe ich dann auch diese Form für Voyeur einmal angetroffen. Nicht uninteressant ist auch, daß es im Rotwelschen das Wort *Spitzer* für den Sittlichkeitsverbrecher gibt. Da könnte es auch eine – allerdings ältere – sprachliche Beziehung geben.

Mädchen, die sich beruflich zurücklegen, damit sie sich finanziell etwas zurücklegen können, gehen – auf galeristisch gesagt – *am Telach*.
Telachen hieß noch vor dem Kriege soviel wie laufen, flüchten, man konnte zum Beispiel vor einem Kieberer *davontelachen*.
„Das beste Lachen ist das Täjlachen" ist eine Redensart, und *Weinberg* erklärt den Ausdruck in seinem Werk „Die Reste des Jüdisch-Deutschen" damit, daß eine Form teil'cha = du wirst gehen, sich klanglich durchgesetzt hat; der Infinitiv heißt holech = gehen. Er übersetzt mit: weggehen, hausieren, flüchten. Heute kennt man diese Bedeutung überhaupt nicht mehr. Auch die Aussprache wurde geändert. Aus dem früheren täjlach wurde ein tellach oder dellach – wie der Kärntner Ort am Wörther See. Ein Bargast, der erzählte, daß er seine Frau nach Dellach geschicht habe, wurde stürmisch als Zuhälterkollege akklamiert.
Überhaupt und nebenbei: die jüdische Aussprache ist dem heutigen Rotwelsch völlig verlorengegangen, und nur die Älteren sagen noch Chonte, Chavrusse, Chochem usw., die Jüngeren ersetzen den ihnen ungewohnten Anlaut ch durch ein k.
Chonte oder *Konte* ist die Dame, die *am Telach* geht, *die Telachistin*, und durch den veränderten Anlaut geht ein netter alter Spruch verloren:

In der Kammer einer Chonte
saß ein Chammer, der nicht konnte.

Chammer ist ein veralteter Ausdruck für einen Esel, einen groben, dummen Menschen.
Zurück zum Bedeutungswandel: Beim Willy Abermann erzählte mir ein Zunftgenosse, daß er von einem Zangler *müllisiert* wurde, der ein *leinwandener Gälif* war. Müllisieren und Zangler wurden schon erklärt. Aber nun *Gälif:* Jedem Kenner jüdischer Witze ist als

Schimpfwort unter anderem der *Kelef* bekannt, der Hund, femininum: *Klafte*.
Noch vor dem Zweiten Weltkrieg war ein Kelef auch wirklich etwas sehr Arges, und wenn jemand von einem anderen sagte: „Des is darr ein schiacha Kelef" (= Das ist dir ein häßlicher Hund), dann meinte er das auch. Mein Vertrauensmann aber gebrauchte das Wort im umgekehrten Sinn, anerkennend und auch lautlich ziemlich verändert.
Das waren nur drei Beispiele von vielen für den Bedeutungswandel, der eher eine Bedeutungsvereinigung darstellt. Spießer einst: eine große Gruppe, Spießer heute: eine (hoffentlich) kleine Gruppe; telachen früher: alles, was so ähnlich wie laufen war, am Telach gehen heute: nur noch der Strich (vom Strich oder der Linie als Grenze des Gebietes der leichten Damen und schweren Burschen), und endlich der Kelef, der böse, der zum leinwandenen Gälif wurde (Leinwand = alles in Ordnung; lt. *Wolf)*.
In den Gaunersprachen verändern sich die Wörter offenbar schneller als in den Standardsprachen, die Älteren haben einen wesentlich anderen Wortschatz als die Jüngeren. Jede Sprachschicht hat ja ihre eigenen Gesetze, die natürlich noch längst nicht alle erforscht worden sind, am allerwenigsten die der Ganoven.
Ganeff oder *Ganove* kommt vom jüdischen *ganab* = er hat gestohlen, und lange Zeit gab es in Wien nur den Ganeff, heute sind beide Wörter gleichberechtigt. Und wie ist das gekommen?
Erklären könnte das die sogenannte Schulzentheorie (zu finden in *Walter Porzigs* Buch „Das Wunder der Sprache"). Sie besagt, daß sprachliche Neuerungen besondere Durchschlagskraft besitzen, wenn sie von einflußreichen Persönlichkeiten eingeführt werden. Das nasale Schönbrunner Schloßhochdeutsch zum Beispiel,

das heute noch von jedem schlechteren Bobby- und Rudi-Witze-Erzähler imitiert wird, kommt angeblich daher, daß irgendein Erzherzog des vorigen Jahrhunderts Polypen in der Nase hatte und daher stark näselnd sprach. Das empfand seine Umgebung dann als wahnsinnig vornehm und bemühte sich, es der „Kaeiloeit" (kaiserlichen Hoheit) nachzutun; viel mehr ist über diesen sprachlichen Herdentrieb nicht zu sagen.
Aber es ist doch mehr als wahrscheinlich, daß irgendein Gangsterboß einen Ausdruck erfand, der dann von seinen Trabanten übernommen wurde und – wenn er treffend war – weitere Kreise zog.
Oder auch nur enge: Im Landesgericht Alser Straße in Wien heißt der Raum, in dem Sträflinge vorgeführt und verhört werden, *der Waggaun* (Waggon). Über die Herkunft dieser Bezeichnung befragt (im anderen Landesgericht auf dem Hernalser Gürtel heißt der entsprechende Raum nämlich *Fratschelhütten),* sagten mir drei Häftlinge übereinstimmend, daß dieser Name vom *Schnöschiaßa* (Schnellschießer) stamme, der lange Zeit Häuptling einer gefürchteten Bande im Prater war und offenbar auch im „Häfn", in diesem Fall im „Landl" (Landesgericht), seine Führerqualität durch Sprachschöpfungen dokumentierte. Wenn eine solche Neuerscheinung wirklich plastisch klingt und eine Art Pointe durchschimmern läßt, wird sie verständlicherweise in dem kleinen Kreis der Unterwelt schneller allgemein benützt als ein Modeausdruck der Umgangssprache. Im allgemeinen. Ausnahmen bestätigen diese Regel nur, Modewörter können auch in den höheren Sprachschichten sehr rasch um sich greifen, wenn die Massenmedien nachhelfen. Aber meist fallen sie schnell wieder weg. In der Gaunersprache halten sie länger.
Exakte Forschungen auf unserem Gebiet sind schon deshalb kaum möglich, weil es nur wenige schriftliche

Unterlagen gibt. Ja, hätte einer der Altwiener Humoristen echte Gaunergespräche aufgezeichnet, wir könnten sicher die Herkunft mancher Wörter und die Prozesse ihrer Wandlungen besser erkennen und erklären. Aber so?

Die Paragraphensprache

Einige werden ihn noch gekannt haben, den „Tscheherantendoktor". Es gibt ihn längst nicht mehr. In den letzten Jahren seines Lebens war er nur noch betrunken, aber seine juristischen Kenntnisse waren beachtlich. Er brachte mich bei einem Gespräch in einem Beisel in den entern Gründen auf die Idee, die Paragraphensprache zu untersuchen – und gab mir wertvolle Beiträge. Durch die große Strafrechtsreform in Österreich 1975 sind einzelne Fachausdrücke unaktuell geworden, aber es steht zu erwarten, daß sich eine ähnliche Geheimsprache wieder bilden wird.
Bei der Paragraphensprache geht es darum, daß man auch bei Galeristen einen gewissen Berufsstolz und Bildungseifer voraussetzen kann – wenn man will – und die Herren Gauner einzelne Verbrechen nicht mit deren Namen – auch nicht mit den rotwelschen –, sondern mit der Paragraphenzahl bezeichnen.
„I hab an Hundertanasiebzger grissen", erzählt mir ein Häftling und wollte damit sagen, daß er gestohlen hatte. Im alten Strafgesetz war das der Diebstahlsparagraph, und man kann gespannt sein, wann und ob in der Gaunersprache der „Hundertanasiebzger" sich in einen „Hundertsiebnazwanzger" verwandelt; denn das neue Strafgesetz stellt den Diebstahl als § 127 unter Strafe. Das wird aber anfangs sicher viele Verwechslungen geben, denn der § 127 des alten Gesetzbuches han-

delt von der Notzucht an bewußtlosen oder noch nicht 14jährigen Mädchen. Je intelligenter ein Rechtsbrecher ist, desto größer wird sein Reservoir an juristischen Fachwörtern sein. Von einem Verwaltungsbeamten wurde mir bestätigt, daß viele Häftlinge die Anstaltsbibliothek nach juristischen Werken durchkämmen und eifrig studieren.

Ein Richter erzählte mir von einer Verhandlung, in deren Verlauf der Angeklagte, unterstützt vom Tscherantendoktor als Zuschauer, den Staatsanwalt in eine Debatte über den Notwehrparagraphen verwickelte und es tatsächlich durchsetzte, daß er nur wegen Totschlags bedingt verurteilt wurde. Die Fachausdrücke, die die beiden verwendeten, konnten von keinem Volljuristen besser gewählt worden sein, und der Rausch, den der Tschecherantendoktor noch am nächsten Tag hatte, bewies, daß sich der Angeklagte bei seinem „Anwaltshonorar" nicht hatte lumpen lassen.

Die Paragraphensprache gehört nur bedingt hierher, weil sie keine echte Sprachvariante darstellt. Aber sie wurde von einigen meiner Informanten virtuos beherrscht und diente der Geheimhaltung für Außenstehende und der Kennzeichnung des Sprechers als einen Angehörigen der Galerie, weist also die Grunderfordernisse einer Gaunersprache auf.

Die O-Sprache

Die gibt's noch heute, und sie ist eine echte Geheimsprache. Sie können es probieren: Gehen Sie in ein Unterweltlokal und sagen sie: „Ich möcht a Ortelve Onwe."

Wenn Sie nicht durch allzu gepflegtes Äußeres Argwohn erregen, wird man Ihnen sofort ein Viertel Wein bringen. Ich persönlich kannte die O-Sprache aus meiner Prager Zeit und beherrsche sie noch heute. Im Zuge der Vorarbeiten für dieses „Werk" konnte ich feststellen, daß sie nicht nur in Österreich, sondern auch in Deutschland in Varianten gesprochen wird – und nur in Unterwelt- und Nachtlokalkreisen –, sodaß es also tatsächlich noch immer eine echte Geheimsprache gibt, die für die „Zivilisten" umso unverständlicher wird, je mehr Wörter man in sie transponiert.

Zuerst einmal hat man den Eindruck, daß es sich um eine Spielerei nach Art der Volksschulkindersprachen handelt. In Wien gibt es zum Beispiel die B-Sprache: „Ibich gebehebe ibin dibie Schubulebe", heißt ganz einfach: Ich gehe in die Schule.

Aber so leicht macht es sich die O-Sprache nicht.

Die einzige mir bekannte wissenschaftliche Erwähnung dieses Phänomens findet sich in einer Abhandlung von *Max Pollak,* weiland Hof- und Gerichtsadvokat zu Wien, der in einer kriminologischen Zeitschrift im Jahr 1903 von der allgemeinen Verbreitung der O-Sprache schrieb und als Beispiel mit dem Satz beginnt: „Mei Odlme geht am Ortlge am Ochstre." – Im Klartext: Mein Mädel geht am Gürtel am Strich. (Gürtel = ein Straßenzug in Wien.) Wie wir heute wissen, ist die O-Sprache aber viel, viel älter.

Das Schema der O-Sprache ist überaus einfach – wenn man es kennt:

Die Anfangskonsonanten werden weggelassen, der folgende Vokal wird durch ein O ersetzt, der weitere Wortkörper nicht verändert, und an das Wortende werden die Anfangskonsonanten, gefolgt von einem dumpfen e, wieder angestückelt. Also: Wein – Onwe, Madel – Odelme, Strich – Ochstre.

Jetzt können Sie die O-Sprache also. Messer ist Osserme, Krachen ist Ochenkre … Aber wenn Sie in eine der

Runden kommen, wo die O-Sprache schnell und fließend gesprochen wird, dann garantiere ich Ihnen, daß Sie kaum ein Wort verstehen. Dann wissen Sie nämlich erst, wie geheim die Sprache ist, wie lange man sie üben muß, wie sehr sie beweist, daß einer, der sie beherrscht, wirklich zu einer Gruppe gehört, die aus der normalen Gesellschaft herausgetreten ist.
Ich erinnere mich mit dem Vergnügen des Eingeweihten an einen Morgen in einer Bar. Da saß ein angeheiterter Kren in einer Loge, der von der Kapelle immer neue Lieblingslieder bestellte, bis es den Herren Musikern zu dumm wurde: „Wissen S', was wir jetzt machen? Wir machen Os-schle. Sind Sie einverstanden?" Der Gast vermutete, daß Os-schle ein besonders lustiges Spiel oder eine neue Tanznummer bedeutete, spendete noch ein Kilo und wartete der Dinge, die da kommen sollten. Aber die Musiker packten ihre Instrumente und verschwanden.
Ich aber wußte, daß Os-schle eben Schluß heißt, und empfahl mich auch.
Der *Kren* – der Mann mit den Spendierhosen – sitzt vielleicht jetzt noch dort.

Eine große Entdeckung: O-Sprache und Kabbala

Offenbar hat sich bis heute noch kein Mensch Gedanken über den Ursprung der O-Sprache gemacht. Eigentlich ganz logisch: unter denen, die sie kennen, gibt's kaum Sprachwissenschaftler, und unter den Sprachwissenschaftlern gibt es kaum Leute, die was von der O-Sprache wissen. So gab es für mich keine Quellen, keine Dokumente, keine Auskunftsmöglichkeiten, und ich hätte die O-Sprache nur so wie weiland der Herr Hof- und Gerichtsadvokat beschreiben und zur Kenntnis nehmen müssen. Bis ich wieder einmal im Standardwerk über die Gaunersprachen nachschlug, nämlich in dem schon erwähnten Buch von *Avé-Lallemant* „Das deutsche Gaunerthum". Da fand ich einen interessanten Absatz:

„Bezeichnend ist noch, daß, wenngleich die jüdischdeutsche Sprache mit ihren Zahlenbuchstaben immer noch behend und glücklich in allen kabbalistischen Methoden sich versuchen konnte, dennoch das nicht minder behend schlüpfende Gaunerthum niemals rechtes Glück mit kabbalistischen Positionen auf deutschem Sprachboden zu machen vermochte, sondern mit seinen temuratischen oder anagrammatischen Versetzungen immer in den Galimatias verfiel und daher nur wenige, offenbar nach temuratischer Methode transponierte gaunertechnische Wörter in Gang bringen und erhalten konnte ..."

Achtung – jetzt kommt das Wichtige!

„... zum Beispiel Ickbre für Brücke, Opelke für Buckel und Appeke für Kappe." Ende des Zitats.

Da hatte ich also den Ursprung der O-Sprache!

Denn wer würde zweifeln, daß – wenn es damals auch keine O-Sprache, sondern eine I- oder A- oder Wurscht-was-Sprache war – jedenfalls die Grundregeln stimmten. Es galt nur noch herauszufinden, was temuratisch bedeutete und was Avé-Lallemant hier mit kabbalistischen Methoden meinte.

Ich fand folgendes heraus:

Unter den Juden, die sich den mittelalterlichen Gaunerbanden anschlossen, gab es anscheinend auch sehr gebildete Leute, die ihren Talmud kannten und rabbinistische Methoden pflegten. Sie verstanden sich auch auf die jüdische Mystik, die Kabbala, und ihre Kenntnisse haben dann natürlich auch eigenartige Bildungen von

Rotwelschwörtern beeinflußt. Die Kabbala ist eine jüdische Geheimlehre mit allegorischer Deutung der heiligen Schriften; sie dient aber auch dazu, die Zukunft vorherzusagen und zu okkulten Ergebnissen zu gelangen. Zu diesem Zweck gab es drei Methoden: die Gematria, das Notarikon und die Temura. Alle drei Methoden haben das Ziel, durch Vertauschung, Veränderung und Umstellung von Buchstaben neue bedeutungsvolle Wörter zu schaffen. Und noch etwas kommt dazu: Da die hebräischen Buchstaben zugleich Zahlenwerte darstellen, kann man durch Rechenoperationen neue Zahlen schaffen, Kombinationen anstellen. Die damaligen Rabbiner müssen durch die Bank hellseherische Mathematiker gewesen sein. Mit den heutigen elektronischen Taschencomputern und der Kabbala hätten sie ohne weiteres täglich die Zeitungen von übermorgen herausgeben können. Für die O-Sprache wurde die Temura maßgebend. Da soll es 233 verschiedene Methoden für die Vertauschung von Buchstaben gegeben haben.

Wieso gerade 233?

Fragen Sie mich was Leichteres!

Jedenfalls wurden temuratische Methoden unter anderem von der französischen Polizei angewendet, um einen besonders schwer zu entziffernden Code für die Übermittlung von Nachrichten zu enträtseln. Und von Frankreich soll auch die O-Sprache zu uns gekommen sein.

Ein seltsames Phänomen. Zu einer Zeit, da immer mehr Rotwelschwörter verschwinden, da sich die Gauner immer mehr der Umgangssprache anpassen, hält sich ein Relikt aus uralter Zeit als echte Geheimsprache und wird jetzt zum ersten Mal auf seine Geschichte hin untersucht und – wie ich mir mit schaumgebremstem Stolz zu bemerken gestatte – logisch-talmudistisch erklärt.

Gaunerwörterschwund: Wo liegt der Grund?

Es ist natürlich nicht *ein* Grund, es sind viele. Einige davon können untersucht werden, andere bleiben Vermutungen überlassen.

Daß sich die Gaunersprache – abgesehen von Beharrungswörtern – schneller ändert als die Umgangssprache, daß Gaunerwörter sowohl Gestalt als auch Inhalt wechseln, darüber haben Sie schon gelesen. Aber jetzt fangen wir einmal systematisch an, Ursachen dafür zu suchen, daß nach meinen Aufzeichnungen Gaunerwörter, die noch vor einem halben Jahrhundert erwähnt werden, heute nicht mehr bekannt sind.

In einem Wörterbuch der Wiener Gauner-, Zuhälter- und Dirnensprache aus dem Jahre 1922 finden sich viele interessante Ausdrücke, die wir heute nicht mehr kennen.

Da gibt es noch das Wort *Gagire* für Spur, Schlich; „Mir san eahm auf die Gagire kummen" = Wir haben seine Methoden durchschaut. Das Wort *Lekiche* für Einbruch ist kaum noch bekannt, auch nicht *Mesimme* für Geld. *Mesimme* lebt allerdings noch für die Kenner des jüdischen Witzes: Der Rabbi steckt eine größere Summe Geldes in die Tasche, bevor er zum Gottesdienst geht. Befragt, warum er das tue, antwortet er dem Schammes: „Mit Mesimme in der Tasch red't ma sich viel leichter."

Chunnebajes für Bordell kennen nur noch die ganz Alten, obwohl die beiden Stammwörter noch immer gebraucht werden:

Chunne ist eine Form von *Chonte*, also Dirne, und *Bajs* ist das schon mehrmals erwähnte und in vielen Formen auftretende Wort für Haus.

Gewure ist dort noch richtig mit Macht, Kraft übersetzt. Heute vermischt es sich mit Gewurl = Durcheinander.

Geresch wird bei *Petrikovits* mit Entlassungsschein, auch Dokument, übersetzt, die Herkunft ist unbekannt. *Hex* bedeutet Polizeiaufsicht. „Er hat die Hex" hieß damals, daß sich ein Delinquent auf häufige Besuche durch Kieberer gefaßt machen mußte. Das Wort existiert auch im deutschen Rotwelsch als *Hakes* und dürfte von einem jiddischen *hakesen* = vergleichen, beobachten kommen. Die Liste solcher verschwundener Wörter ließe sich beliebig fortsetzen, aber jetzt soll einmal ein Grund auftauchen. Vielleicht ist es ein wenig überchochmezt, aber hier scheint mir die Jahreszahl des Verlags bedeutsam: 1922 erscheint das Wörterbuch, und zwei Jahre später, 1924, beginnt das Radio seinen Siegeszug in Wien. Der Funk und später das Fernsehen sind erbitterte Feinde der Dialekte und aller Sondersprachen, da alle Massenmedien unsere Redeweise nivellieren und oft auf grausame Weise beeinflussen – man denke nur an die Werbung. Stellen Sie sich spaßeshalber vor, man hätte in einem Wiener Kriminalhör- oder -fernsehspiel einige der oben zitierten Ausdrücke verwendet: Erstens – woher hätte sie der Autor genommen? Zweitens – wer wäre daran interessiert? Und drittens wäre es unverkäuflich. Es gibt ja kaum noch echte Dialektstücke, weil alles für den gesamtdeutschen Markt bestimmt ist.

Trübe Aussichten. Was werden unsere Kindeskinder in hundert Jahren reden? Peinliches Schriftdeutsch? Oder Chinesisch? Oder wird es eine eigene massenmedische Sprache geben? Alles fraglich.

Nur eines ist sicher: alte Gaunerwörter werden sie nicht mehr verwenden.

Ein weiterer Grund für den Gaunerwörterschwund ist die Resozialisierung.

Früher – in der „guten" alten Zeit – blieb einem Verbrecher, der längere Zeit einbetoniert war, nur die

Rückkehr ins alte Milieu, er blieb sein Leben lang ein Häfenbruder, ein Sandler.

Häfen kommt von einem mittelhochdeutschen *haven,* und das heißt Topf. Im Wiener Dialekt gibt es noch immer den Häferlgucker, den neugierigen Mann, der seiner kochenden Hausfrau in die Töpfe schaut und sie dadurch zum Kochen bringt (die Hausfrau, nicht die Töpfe).

Sandler ist mehrdeutig: meist nennt man einen, der sich nichts traut, einen Sandler, oder einen arbeitsscheuen Nichtskönner; es kann aber auch ein Bettler oder ein verschämter Armer damit gemeint sein.

Hier ist wieder ein Wort, über dessen Herkunft die Germanisten und die Hebraisten streiten: Man kann es von einem mittelhochdeutschen Wort *seinelen,* langsam fließen, ableiten, aber genauso bietet sich das hebräische *zandik* an, der Parasit, Mitwisser. Dafür spricht die Tatsache, daß einer, der *sandig* ist, zur Entlausung geschickt werden sollte, weil er Ungeziefer spazierenträgt.

Ich meine, daß das Wort ganz einfach von *Sand* kommt, denn man sagt von einem Sandler auch: *der is am Sand.* Das erscheint mir als eine recht plausible Lösung, nur ist sie leider überhaupt nicht gelehrt, und das mögen die Gelehrten nicht.

Die Häfenbrüder blieben also normalerweise ein ganzes Leben unter sich und daher auch bei ihrer Sprachvariante.

Heute stehen erfreulicherweise dem entlassenen Häftling von dem Moment an, da er um die Panier schwimmt, alle Möglichkeiten offen, wieder ein Frankist zu werden, seine Strafe wird nach ein paar Jahren getilgt, und Bewährungshelfer kümmern sich um ihn.

Um die Panier schwimmen heißt eigentlich: sich seine Zivilkleidung holen. *Panier* ist das, was ein Schnitzel umhüllt, also bei uns jede Art von Kleidung.

Wenn einer wirklich die Absicht hat, einen normalen Beruf zu ergreifen, dann wird er natürlich jeden Gaunerausdruck, der seine Umgebung an sein Vorleben erinnern könnte, vermeiden. Er wird nicht mehr *acheln* oder *schlicken*, sondern essen wollen, wenn er einen *Flammoh* verspürt (dieses Wort soll aus der Soldatensprache stammen und heißt soviel wie Hunger); er wird sich nicht einen *Sargnagel wuzeln*, sondern eventuell eine Zigarette drehen.

Er wird auch nicht mehr *püseln* oder *nappezen*, sondern schlafen sagen, weil das zwei ehemalige Gaunerwörter sind. *Püseln* haben wir von den Italienern: pisolare = ein Schläfchen halten. Und *nappezen* klingt zwar jüdisch-rotwelsch, aber es erklärt sich aus dem tschechischen: *na peci* heißt: beim Ofen, und dort schlummert es sich ja wirklich besonders genüßlich.

Kurz: er wird jeden Ausdruck vermeiden, der auf seine Vergangenheit hinweist, der ihn als ehemaligen Galeristen entlarven könnte.

Der einzige, dem das leid tun könnte, ist ein Gaunerwörtersammler. Aber der hat ja die Möglichkeit, die alten Gaunerwörter aufzuschreiben und wie ein Computer zu speichern. Und soweit ich weiß, geben wir – meine Fachkollegen und ich – uns damit auch sehr gerne zufrieden und begrüßen die Aussicht, daß immer mehr Gauner resozialisiert werden; man hätte nur einen besseren Ausdruck dafür suchen sollen.

Noch ein Grund: der fehlende Nachschub.

Auch die Ganoven sind im wesentlichen seßhaft geworden, wenn man von den gelegentlichen Ausflügen nach Norden absieht, von denen noch zu schreiben sein wird. In alten Zeiten waren sie fahrende Gesellen, die immer neue Wörter von hie und nach hinnen und von dort nach dannen brachten.

Viele Wörter kamen auf langen Wegen und oft in stark

veränderten Formen zu uns, aber bei manchen läßt sich die Herkunft noch feststellen. Woher sollten aber heute neue Rotwelschwörter kommen?

Wenn eine Sprachgemeinschaft leben soll, dann müssen alle aussterbenden Wörter durch neue ersetzt werden. Das ist auch meist der Fall. Dem Deutschen liefert das Englische neue Wörter und umgekehrt, die Schulzentheorie bestätigt sich, und der Sprachschatz zeigt in den modernen Idiomen eine erstaunlich steigende Tendenz.

Sicherlich – es gibt an und ab und ab und zu neue Gaunerwörter, aber die reichen nicht aus; es hat auch niemand den Ehrgeiz, hier einzugreifen, weil es ja auch nicht notwendig ist.

Hierher gehört das schon erörterte Phänomen, das den Tod der Gaunersprachen beschleunigt. Wenn echte Gaunerwörter von der Umgangssprache verschlungen und integriert werden, gehen sie dem Gaunerwelsch verloren. Als Beispiele hiefür die schon besprochenen Wörter: Mezzie, Ezzes, Rebbach und viele andere.

Der Tschecherantendoktor fand als Erklärung sogar einen fast poetisch zu nennenden Vergleich: Ein an die bürgerliche Gesellschaft verlorenes Rotwelschwort verwandelt sich in einen Fremdkörper, den der Gauner so fallen läßt, wie eine Rehgeiß ihr Kitz nicht mehr annimmt, wenn es von Menschenhand berührt wurde.

Wenn man jetzt noch einen tieferen Grund für den fehlenden Nachschub suchen will, dann findet man ihn wohl im Wegfallen des Motivs, das vor Jahrhunderten die Gaunersprachen überhaupt ins Leben rief: die Notwendigkeit, sich so auszudrücken, daß man von den Frankisten nicht verstanden werden konnte, also das Motiv der Geheimhaltung. Ein Skeptiker könnte das so deuten: Unsere Gesellschaft ist so, daß die Gauner nichts mehr vor ihr geheimhalten müssen.

Ich schließe mich natürlich nicht dieser Meinung an.

Gibt es nicht doch neue Gaunerwörter?

Freilich, einige wurden schon genannt. Neue Gegenstände, Erfindungen und technische Feinheiten mußten bezeichnet werden. Wir haben vom *Waggaun* und vom *Pracker* berichtet, eine moderne Brechstange heißt *Gashaxen,* also Ziegenbein, und das Rundfräse-Schweißgerät, das auch den stärksten Bären bezwingt, heißt *Drahdiwaberl,* und das ist eine sehr plastische Ausdrucksweise, als Wortschöpfung nicht neu, denn so nennen die Wiener Kinder ihren Drehkreisel.
Dem Gedicht eines Häftlings entnehme ich eine Bezeichnung für ein Abhörmikrophon:

> ... dann sagt zu mir der Suacherl:
> Er hat was ghört durchs Hurcherl ...

Suacherl: der Untersuchungsrichter – *Hurcherl:* das Abhörmikrophon, mit dem man alles hören kann. Sachlich kann das nicht stimmen, da mir versichert wurde, daß es keine Abhörvorrichtungen gibt. (Persönlich glaub ich an Ausnahmen.)
Auch Fremdwörter gibt es. In der Monarchie kamen sie von überall, heute sind vorwiegend die Engländer und die Amerikaner Lieferanten, weil wir ja von dort fast unsere gesamte Krimi-Literatur beziehen. „Crime does not pay" – Verbrechen lohnt sich nicht –, so versichern sie uns scheinheilig und streichen die dicken Tantiemen ein. Von den Galeristen bekommen sie allerdings nichts für die Verwendung von Wörtern wie *Job, Gangster, Boß* und *fingerprinten.*
Allerdings findet man diese Wörter nicht häufig; wo sich ein wienerisches oder rotwelsches Wort anbietet, wird es noch immer vorgezogen – die Galeristen haben in der Beziehung oft mehr Charakter als die High-Snobiety. Job heißt entweder immer noch *Hackn* oder er wird zu einem sehr harten *Tschob,* denn mit der Aus-

sprache nimmt man es nicht genau. Ich ging einmal lange in die Irre, als man mir von einem *aufbuhrten Tsaffe* berichtete, bis ich endlich eruierte, daß es sich um einen aufgebohrten Safe handelte.
Für *fingerprinten* (Fingerabdrücke herstellen lassen) wird viel eher *klavierspielen* gesagt, und der *Gangster* hat sich insofern einen Bedeutungswandel gefallen lassen müssen, als die Galeristen darunter nicht ihresgleichen, sondern eher Gegner aus dem anderen Lager verstehen wie Kieberer und Steuerorgane.
Höchste Zeit, daß ich endlich den *Kieberer* erkläre. *Kieberer* sind alle Arten von Polizeiorganen, sowohl die uniformierten als auch die geheimen, und das Wort läßt sich am besten von einem mittelhochdeutschen *kiben* oder *kebelen* ableiten, das schimpfen bedeutet und in Wien noch heute jedem Sokrates bekannt ist, denn er nennt seine Xanthippe *Kebelzangen*. Das ist eines der vielen Beispiele dafür, daß der Dialekt uralte Wörter, die der Umgangssprache längst verlorengegangen sind, getreulich aufbewahrt. Darüber später. Es gibt aber auch hier eine jüdische Erklärung: *Siegmund A. Wolf* stellt *Kieberer* zu hebräisch *kewjus* = Sicherheit.
Der schon erwähnte Schlieberer sagte einmal – ich habe es wörtlich mitgeschrieben: „Dem Herrn hob i sei Ura-Ura sabralisiert."
Da haben wir den seltsamen Fall zweier neuer slawischer, nämlich russischer Fremdwörter: *Ura-Ura* hieß im Nachkriegsdeutschen die Uhr, weil die russischen Besatzer dieses Wort so gebrauchten, und *sabralisieren* kommt vom russischen *zabiratj*, wegnehmen. Dieses Wort stammt aus dem Krieg, wo die russischen Bauern den Deutschen immer erklärten, daß sie nichts mehr besaßen, weil ihnen die Soldaten alles weggenommen hatten: „Vani zabrali vsjo!" (Sie nahmen uns alles weg!)

Also sehen Sie selbst: Fremdwörternachschub – wenig und seriös!
PS: Das zänkische Weib, die *Kebelzangen,* heißt in Wien viel häufiger *Bißgurn,* und dieses Wort hat eine interessante Etymologie: Man kann es von einem tschechischen *piskoř* ableiten, und das ist der Stachelfisch (Schlammbeißer, cobitis fossilis). Andere wieder glauben, daß es aus dem Mittelhochdeutschen kommt und bissige Stute heißt *(gurre* = Stute). Ich neige der zweiten Möglichkeit zu.

Fremdwörter aus dem kühlen Norden

Im Zweiten Weltkrieg hat es zwar einige „ostmärkische" Divisionen gegeben, die hauptsächlich aus österreichischen Soldaten zusammengesetzt waren, aber diese Tatsache konnte nicht verhindern, daß eine Menge von typisch norddeutschen Ausdrücken in unsere Dialekte einsickerten. So sagen unsere Gauner – und nicht nur sie – heute noch *Bims* für Brot, *Kohldampf* für Hunger, *Knast* für Gefängnis, *Fisimatenten* für Umstände und *Bredullje* für Schwierigkeiten.
Wer mehr über das deutsche Rotwelsch erfahren will, der sollte das Buch: „Kundenschall – das Gekasper der Kirschenpflücker im Winter" von *Günter Puchner* lesen (München 1974). Da finden sich unter anderem längere Bibelstellen, ins Rotwelsch übersetzt, und eine hübsche Erklärung für *Kohldampf:* demnach ist das Wort eine Tautologie, denn *Kohl* – verkürzt aus *Koller* (Wut, wütender Hunger) – und *Dampf* – altes gaunersprachliches Wort für Hunger – bedeuten dasselbe.
Knast kommt aus dem Jüdischen: hier bedeutet *knas* Geldstrafe. Wenn es aus dem spanischen, also dem sephardischen Jiddisch kommt, könnte ihm das Wort

canasta = spanisch Körbchen, zugrunde liegen, und dann müßte man in dem eine Zeitlang so beliebten Kartenspiel Kanasta ein Gefängnisspiel sehen.

Fisimatenten scheint in meiner Kartothek nur dreimal auf. Zwei von den drei Häftlingen, die das Wort verwendeten, wußten, daß es ein „Piefkewort" war. Auch hier gibt es zwei sehr gelahrte Erklärungen: Irgendein französischsprechender Preußenkönig soll öfter *visitez ma tente* (besuchen Sie mein Zelt) gesagt haben; noch unwahrscheinlicher ist die Ableitung von *visae patentes* (etwa: kontrollierte Ausweise); und dann gibt es ein italienisches Wort *fisima*, die Laune, die Grille.

Apropos „Piefkewort": Es hat einen preußischen Musikmeister namens *Piefke* gegeben, der in der Nacht nach der Erstürmung der Düppeler Schanzen einen zündenden Militärmarsch komponierte und dadurch sehr bekannt wurde. Wann dieser Eigenname als Symbol für den schnoddrig-militärischen Norddeutschen über Bayern nach Österreich kam, läßt sich nicht mehr feststellen, erfreulich ist, daß er immer mehr in Vergessenheit gerät.

Piefkinesisch oder *piefkineserisch:* Über diese Erweiterung hatte der Tschecherantendoktor eine Theorie. Nach der Besetzung Österreichs 1938 schickte man möglichst zackige und durchschlagskräfige NS-Beamte in die Gebiete an der Donau, und deren Kommandosprache klang anfangs in österreichischen Ohren fast unverständlich, wie eine Art Chinesisch. Es gab damals aber auch eine Kleinkunstbühne, das Wiener Werkel, die sich mit ungeheurem Mut über den deutschen Einmarsch lustig machte und eine Parodie auf die damaligen Zustände brachte, in der die Besatzer als Chinesen und die Besetzten als Japaner auftraten.

Deutsch: *Bredullje* (von französisch *bredouille* = unerledigte Sache) wurde mit der Aussprache *pretulln* von

unseren Gaunern übernommen. Könnte aber schon älter sein, schließlich gibt es in Österreich seit dem Wiener Kongreß die – ach so beliebten – französischen Fremdwörter.
Der Einfluß der Soldatensprache auf die Gaunersprache ist recht alt, und die Grenzen zwischen Ganoven- und Landserausdrücken verfließen. Wenn aber plötzlich rein norddeutscher Verbrecherslang von den Wienern verwendet wird, dann muß man natürlich eine andere Erklärung suchen.
Ich weiß nicht genau, ob ich sie gefunden habe, aber die Theorie soll aufgestellt werden, damit man sie anfechten kann, was in jedem Fall reizvoll ist:

Zwischenspiel: ein Chansontext

Zehn kleine Gangsterlein, die trafen bei uns ein,
die haben sich beim Stoß versucht,
dann waren's nur noch neun.

Neun kleine Gangsterlein, die trafen sich bei Nacht,
doch weil der Gschwinde langsam war,
drum waren's nur noch acht.

Acht kleine Gangsterlein, die fischten gern im trüben,
der eine wurde selbst gefischt,
da waren's nur noch sieben.

Sieben kleine Gangsterlein, mit Peitscherln unterwegs,
die trieben ihren Rebbach ein,
da waren's nur noch sechs.

Sechs kleine Gangsterlein, die hatten zuviel Trümpf',
bevor man neue Hadern gholt hat,
waren's nur noch fünf.

Fünf kleine Gangsterlein beraubten an Kassier,
doch weil der Mann Karate konnte,
waren's nur noch vier.

Vier kleine Gangsterlein beraubten a Pfarrei,
der eine wurde dort bekehrt,
da waren's nur noch drei.

Drei kleine Gangsterlein, die fühlten sich so frei,
im Fernsehn lief XY –
da waren's nur noch zwei.

Zwei kleine Gangsterlein, die hatten Streiterein,
der eine liegt jetzt im Spital,
der andre sitzt in Stein.

Aber:
Vom Norden kam ein Sonderzug,
die Endstation war Wien,
der Gschlitzte und der Gschtauchte und
die Raubersbuam warn drin.

Die „Geile Mali" kam sogar vom Eros-Center her,
der Unzuchtsrudi und der Weh,
der Scheangler und der Bär.

Der Stoßtrupp zog zum Prater dann,
man feiert Wiedersehn,
nahm gleich die leeren Plätze ein –
da waren's wieder zehn!

Dieses Chanson von *Gerhard Bronner* war in den sechziger Jahren brandaktuell, weil keine Woche verging, in der nicht die Zeitungen von neuen Untaten der Wiener Unterwelt in Nordwestdeutschland berichteten.

Scharenweise reisten in dieser Zeit prominente Wiener Galeristen nach Nordwestdeutschland. Vielleicht war in Wien zu wenig los, vielleicht gab es in Düsseldorf und Hamburg Personalmangel, vielleicht waren die Wiener Mädchen in diesen Jahren besonders gefragt, und die sind ja bekannt dafür, daß sie nie ohne Begleitung verreisen. Jedenfalls versuchte die Halbweltprominenz einige Monate lang, in diesen Gegenden Fuß zu fassen. Aber die Zusammenarbeit zwischen der bundesdeutschen und der Wiener Kriminalpolizei wurde so innig, daß immer mehr dieser Einwanderer bei dem Fuß gefaßt wurden, den sie zu fassen versuchten, und so verlief sich dieser Trend bald wieder. Er hinterließ keine Spuren, außer ein paar neuen Wörtern für den aufmerksamen Gaunersprachenbeobachter.

Hier aber für den ausländischen Leser einige Erläuterungen zum Chansontext:

... mit Peitscherln unterwegs: Der Wiener Zuhälter umschreibt seine Tätigkeit gern mit den Worten: „I laß a paar Pferderln rennen" und vergleicht sich mit einem Rennstallbesitzer. Daher ist die Peitsche für ihn das, was für frühere Monarchen Reichsapfel und Szepter waren.

Es gab und gibt aber auch junge Homophile, die gegen hohes Entgelt begüterten Sadisten zu Willen sind und sich in Extremfällen auspeitschen lassen. Die heißen Peitscherlbuam.

Von einem solchen hörte ich einmal die folgende Anekdote:

Ein Masochist sagt zu seinem Freund, dem Sadisten, nach einem Streit: „Samma wieder guat? Dann bitt ich dich: Schlag mich, kratz mich, tu mir ordentlich weh!"

Darauf der Sadist mit gefletschten Zähnen, brutal wie noch nie zuvor: „NNNNNein!"

... im Fernsehen lief XY: Zur Zeit, da diese Zeilen ge-

schrieben werden, läuft diese Fernsehserie schon seit Jahren, und ein Ende ist nicht abzusehen. Die Meinungen über den Wert dieser Reihe, die sozusagen lebende Steckbriefe bringt, sind sehr verschieden. In der Wiener Galerie ist sie unbeliebt, weil sie einige Erfolge und Verhaftungen produzierte. Andrerseits sagte mir ein Gewährsmann, daß fast jeder von der „Zunft" regelmäßig zusieht, weil „erstens kannst an Zund kriagn und weitergeben" – *Zund* ist ein wichtiger Hinweis, eine zündende Nachricht – „und zweitens kannst manchmal sogar was lernen und drittens samma jetzt alle viel vursichtiger"!

... der andre sitzt in Stein: Die bekannteste aller österreichischen Strafanstalten hat ihren Sitz in Stein an der Donau. Daher gaunersprachlich für Zuchthäusler: *Steinbeißer, Steinhäusler* und *Steinerer* (Stabeißer, Staheisler, Stanerer).

Und die Eigennamen in den letzten Zeilen sind nicht erfunden: es gab tatsächlich einen *Gschlitzten,* der war allerdings nicht selbst geschlitzt, er schlitzte. Seine Spezialität war nicht das Aufschlitzen von Frauenröcken, wie man denken könnte, oder gar etwas Sadistisches, sondern er verdankte seinen Namen der Fähigkeit, im Gedränge mit einer Rasierklinge Taschen so aufzuschlitzen, daß die darin enthaltenen Brief- oder Geldtaschen seine mühelose Beute wurden.

Der *Gschtauchte:* ein untersetzter, gestauchter, quasi zusammengedrückter Mensch. Hier handelt es sich um einen sehr häufigen Gaunernamen, ebenso gibt es viele *Scheanglate.* Scheangeln, bairisch *schiageln,* heißt schielen. Es kommt von einem mittelhochdeutschen *schiec* (schief) und heißt eigentlich schief blicken.

Der *Weh* – das ist immer der, der ausgenützt wird, bei dem das Geld locker sitzt, der Gerupfte. In vielen Wienerliedern ist *Weh* sächlichen Geschlechts, offenbar weil man an den Buchstaben w dachte. Sogar weiblich war das Wort einmal, nämlich in einem Couplet des Volkssängers *Turl Wiener*, der da in deutlicher Anlehnung an das französische c'est la vie sang: „Sela Weh!"

Noch einmal: Gaunerwörter von Rhein und Elbe

Es sind nicht viele, aber die wenigen fallen auf, und mir will scheinen, daß sie kaum Fuß gefaßt hätten, wären die Bringer nicht prominent gewesen. Daher nehme ich an, daß sie von den eben erwähnten Exkursionen in die Gegend zwischen Düsseldorf und Hamburg stammen. Also wieder einmal die Schulzentheorie.

Diese Theorie wird durch die Praxis untermauert: die Alten kennen die Ausdrücke nicht, nur die Jungen.

Da ist zum Beispiel das Wort *Rauschlerpolente* für Mitglieder des Rauschgiftdezernats. Die Polente mußte im Wienerischen als Fremdkörper empfunden werden, hat sich aber doch eindeutig eingebürgert. Da es den Rauschgiftschmuggel und -handel vor hundert und mehr Jahren noch nicht gab, mußte eine Bezeichnung gefunden werden, und die brachten eben die Herren aus Deutschland mit.

Polypen: das Wort war vor dem Krieg nicht vorhanden. Heute droht es die alten Begriffe *Höh, Kieberei* zu verdrängen. Dabei handelt es sich allerdings wieder einmal um ein echtes Rotwelschwort: *Pallopet* ist der jüdische Polizist, angeblich eine Zusammensetzung von *baal* (schon wieder – wir wissen es jetzt: der Herr) und *oved* = Verderber. Demnach wären die jüdischen Polizeibeamten die Herrn „Verderber" gewesen. Das will ich nicht glauben, aber in meinem Rotwelschlexikon steht es schwarz auf weiß. Populär geworden ist das Wort aber sicher durch die Volksetymologie: die Fangarme eines Polypen lassen jedem das jüdische Wort einprägsam erscheinen.

Auch das Adjektiv *dufte* habe ich mehrere Male verzeichnet; da handelt es sich wieder um rotwelsch und nicht um berlinerisch: *dufte* kommt von *tow* = gut. Heute noch grüßt man in Tel Aviv und Haifa: iboker tow – guten Tag und *erew tow* – guten Abend.

Aber daß man jetzt auch schon in Wien von einem *duften Guckspritzer,* also von einem guten Auslageneinbrecher spricht, das wundert mich immer wieder. Und doch hab ich es schriftlich: Der Ausdruck steht in einem *Gsiberl,* das mir ein Strafverteidiger zur Verfügung stellte.

Gsiberl: so heißen hierzulande die Kassiber, die in und aus dem Häfen geschmuggelten Botschaften. Der Ausdruck kommt von dem jüdischen Wort für Brief: *kessaw. Kaswenen* ist ein uraltes Rotwelschwort für Schreiben.

Dagegen verliert sich das Wort *Moire* für Angst immer mehr und macht dem Ausdruck *Bammel* Platz. Seltsamer- oder eigentlich logischerweise sind beides echte Gaunerwörter, auch wenn sich in deutschen Gaunerwörterbüchern bei Bammel nur die Ableitung von *bammeln* = angstvoll hin und her schwingen findet. *Baal* (immer wieder der jüdische Herr) und *emoch* = die Furcht stehen bei dem Ausdruck Pate. *Moire* hinwiederum ist unverändert jüdisch: *maure, more* und *moire* bedeuten Furcht. In meiner Kartothek finden sich für Selbstmord nicht nur die uralt-wienerische Wendung: *Er hat si ins Pendl ghaut* (er hat sich erhängt), sondern auch: *Er hat an Bammelmann gmacht.* Hier glaube ich, daß nicht das eben zitierte Wort Bammel, sondern wirklich das Baumeln zugrunde liegt, so-

daß Bammel und Bammelmann weder etymologisch noch zeitlich zusammenhängen.
Daß das Wort *Brüller* aus Deutschland kommt, ist wegen der süddeutschen Lautung eher unwahrscheinlich – es ist jedenfalls dort wie hier das Synonym für einen Edelstein, nicht nur für einen Brillanten.
Als ich den „Schinakelfladerer" vor kurzer Zeit wieder einmal traf, beklagte er sich über die *Flossertgreifer*, die ihm übel mitgespielt hatten, und er bestätigte mir, daß er diesen Fachausdruck erst seit neuerer Zeit verwendete. Er steht buchstabengetreu in einem deutschen Rotwelschbuch: *Flossert* = Wasser, *Greifer* = Polizeibeamter – also: Beamter der Wasserpolizei. Wahrscheinlich auch eine Neuerwerbung.
Schließlich hört man jetzt immer öfter – und nicht nur von Galeristen – die Wendung: *Gib ihm Saures*. Für meine Ohren klingt sie noch immer rein preußisch, aber sie bürgert sich ein und hat nichts mit der Geschmacksrichtung sauer zu tun. Sie findet sich schon bei *Avé-Lallemant*, dort heißt es aber noch: *Gib ihm Zores!*

Anleitung für Ableitungen

Man sollte es nicht glauben, aber es gibt sogar eine typisch gaunersprachliche Endsilbe, ein Anhängsel, ein Suffix, das neue Wörter produziert. Es ist die Silbe *-ling*. Ofen heißt *Hitzling*, Seil ist ein *Hänfling*, der Spiegel wird in *Blendling* umbenannt, und der Teller im Knast heißt *Flachling*. Vom Einfluß des Englischen zeugt der *Sluminger*, ein verwahrloster Sandler, der sicher nichts von Slums weiß.
Man erzählte mir von einem seltsamen Spezialisten, der davon lebte, daß er immer wieder absolut polizeisi-

chere Verstecke für heiße *Sore* fand, nämlich verborgene Winkel im Kanalnetz.
Als er einmal vergaß, wo er die Ware versteckt hatte, wurde er von seinen Auftraggebern erschlagen, und seither lebt nur noch sein Name: der *Tiafling-Pepi.*
Tiafling = Kanal.
Schiaßling = die Schußwaffe, auch *Krachen* oder *Puffer.*
Zu *Sore:* das kommt von einem jüdischen *sechoro* und heißt dasselbe, was es noch heute bedeutet, nämlich Ware, Diebsgut.
Neue Wörter bilden Gauner – und auch biedere Bürger – im Wiener Dialekt auch mit der Endsilbe *-er,* aber abweichend von der normalen Hochsprache.
Diese Endsilbe hat eine vornehme Abkunft: sie ist verwandt mit dem lateinischen *-arius* und schwächt sich immer mehr ab, sodaß zum Beispiel aus dem *molinarius* ein Müller wird. Sie bezeichnet also eine Tätigkeit, denn der Lehrer ist einer, der lehrt, und der Fahrer ist einer, der fährt.
Im Wienerischen ist das nicht immer so. Da ist bei den Galeristen ein *Fahrer* unter Umständen die Spur eines Messers, das über die Haut gefahren ist. Ein *Beißer* kann sowohl ein Pülcher, ein Strolch sein als auch eine Bißwunde.
Ein besonders unterwürfiger, charakterloser Mensch ist ein *Kniarer,* also einer, der kniet (hier ist es wieder regelmäßig), und ein *Siader* ist ein Rausch (vermutlich von sieden).
Ein *Schrankler* ist kein Tischler, sondern ein schwerer Einbruch.
Der *Sabler,* der Messerstecher, hätte lateinisch sablarius heißen müssen, und ein *Pecker* ist nicht einer, der peckt, sondern ein Gehirnschaden: Der hat an Pecker = der ist nicht normal.

Den hochdeutschen Bäcker kennt das Wienerische überhaupt nicht, da heißt er *Bäck* im Nominativ, und in allen anderen Fällen heißt es: *Bäcken.*

Hier kann ich die Geschichte vom Harem-Bäcken nicht unterdrücken, obwohl sie sachlich nicht hergehört. Der Harem-Bäck war ein auf die schiefe Bahn geratener Bäckergehilfe, der seinen Spitznamen der Tatsache verdankte, daß er immer wieder uneheliche Kinder in die Welt setzte.

Als wieder einmal eine seiner Freundinnen zur Entbindung ins Krankenhaus mußte, schärfte er ihr ein, ihn ja nicht zu verraten, weil er polizeibekannt war – sowohl als Einbrecher wie als überaus häufiger Kindesvater –, und schlich sich einige Tage später mit Bart und Verkleidung in die Klinik, weniger, um sein Kind zu sehen, als vielmehr um sich zu vergewissern, daß sein Inkognito gewahrt blieb. Aber die Mizzi erklärte ihm bekümmert, daß man das Kind sofort als das seine agnosziert hatte: „Der Oberarzt is einikummen, hat auf mi zeigt und hat glei gsagt: Das ist das Mädchen mit dem kleinen Becken. Dabei hab i nia nix gsagt ghabt!"

Wörter aus Vornamen oder: Ein Zuhälter heißt fast immer Ludwig

Die Wiener Galerie scheint eine besondere Vorliebe dafür zu haben, daß man Gegenstände oder Personengruppen mit Vornamen bezeichnet. Diese Tendenz findet sich zwar auch in anderen Sprachen und deutschen Dialekten – das Brecheisen heißt in Norddeutschland langer Lude oder Panzerheinrich, der Stiefelknecht heißt in England Jack und das Stemmeisen Betty –, aber in Wien wuchert diese Gepflogenheit mehr als anderswo.

Dabei kann man auch mit noch so viel Phantasie keine logischen Zusammenhänge ergründen. Jeder weiß zwar, daß ein *Pepi* eine Perücke oder zumindest falsche Haarteile bedeutet, aber keiner konnte mir das bis jetzt erklären. Völlig konfus könnte man werden, wenn man erfährt, daß der *Pepi-Hacker* ein Pferdefleischhauer ist. Die Erklärung ist einfach: Pepi war neben Schorschi der beliebteste Name für Wiener Fiakerpferde.
Pepi ist eine Koseform von Josef. Joschi ist eine andre Form. Aber wer nun glaubte, daß Joschi dasselbe wie Pepi bedeutet, der irrt; denn *Joschi* ist ein Gaunerausdruck für Winterrock.
Hansl bezeichnet noch heute abgestandenes Bier. Einst gab es den *Hansltippler,* der war einer, der in den Gasthäusern die Bierreste (meist in ein Reindl = eine Kasserolle) zusammenschüttete und trank.
Marie für Geld wurde schon erwähnt und erklärt. Ebenso kann man den Ausdruck *Liesl* für ein Polizeigebäude erklären, weil die Wiener Polizeidirektion seinerzeit an der Elisabeth-Promenade gelegen war. Das sind tempi passati, aber noch heute wird das Wort verwendet.
Dagegen konnte mir niemand Hinweise geben, die Licht in folgende geheimnisvolle Angelegenheit bringen: Die Zuhälter heißen immer Ludwig. Natürlich haben sie diesen Namen nicht bei der Taufe bekommen, da müßten ja die Herren Eltern Hellseher gewesen sein. Auch darf man den Satz nicht umkehren: Nicht jeder, der Ludwig heißt ...
Ludwig ist gleichsam die Berufsbezeichnung.
„I wechsel mein Louis einfach net – weil i a treue Person bin", war der klassische Satz einer Telachistin, und sie war überzeugt davon, über gewaltige moralische Kräfte zu verfügen.
Louis = Ludwig = Zuhälter.

„Die Anni könnt a Riesengschäft machen, sie hat nur an falschen Wiggerl", sagte mir ein Barmusiker mit Bedauern und meinte damit, daß das Mädchen Anni unter sachkundiger Führung weit höhere Umsätze erzielen könnte als zur Zeit.
Wiggerl = Ludwig = Zuhälter.
Weitere Synonyme für Zuhälter: *Loddl* (vermutlich auch aus Ludwig), *Ludi* (gleiche Erklärung) und – die große Ausnahme, die die Regel bestätigt: *Alfons.*
Genug. Kein weiteres Aufhalten mit Zuhältern.

Humorige Umschreibungen

Man kann sie kaum als neue Wörter bezeichnen, aber auch erfindungsreiche Metaphern setzen sich fest und werden für das Vergleichsobjekt oft häufiger verwendet als die Namen.

Briaftaubn = der Geldbriefträger.
Cognacpumpen = das Herz.
Kerzenschlicker = Frömmler.
Zwangler = hysterischer Mensch, Zwangsneurotiker.
Zuagmachter = Springmesser.
Zigeunerfeuer = mit brennender Zigarette einem andern Feuer geben.
Zimmerwanzen = Abhörmikrophon.
Ohsteßhackn (Abstoßarbeit) = Verkaufen und Verpfänden von auf Raten erworbenen Gegenständen.
Mistelbacher = Polizeibeamter (Mistelbach, eine Kleinstadt nördlich von Wien, lieferte angeblich früher den Nachwuchs für die Wiener Polizei).
Garnieren = stehlen. Grundbedeutung = sich mit fremden Dingen ausstatten.
Flammenwerfer = Betrunkener, aber auch Feuerzeug.

Prinzen scheiben = zechprellen.
Randstaahummi = *Randsteinhummel* = Moped, Fahrrad.
Rettich = Klosettmuschel, Herkunft ungeklärt.
Sifon = Ausweisung aus dem Bundesgebiet. Sifon war früher die Sodawasserflasche, die auch als Wurf- und Schlagwaffe und zum Anspritzen des Gegners verwendet wurde.
Spritzen = ausweisen.
Scheich = prominenter Gangster.
Trabant = sein Stellvertreter.
Obermann = Hut.
Nachttopfschwenker = Rotkreuzhelfer, Sanitäter.
Jausengegner = weit unterlegener Konkurrent, also einer, den man quasi als „Jausn" (Nachmittagsmahlzeit, von slawisch južny = südlich = Sonnenstand) verzehrt.
Beuschelreißer = besonders schwerer Tabak.
Körndln hacken = Juwelen stehlen.
Gugelhupf = Irrenhaus.

Zum *Gugelhupf* (oder *Guglupf)* ein paar Worte. Die bekannte Wiener Mehlspeise hat ihren Namen von einem klösterlichen Backwerk, mit dem die Aufnahme junger Mönche gefeiert wurde, es hieß *cuculla offa*. Das vulgär-lateinische *cuculla* bedeutet Erhebung, Haube, kleiner Berg; *offa* soll soviel wie Stück, Kloß geheißen haben. Das „hupf" hat also nichts mit hüpfen oder springen zu tun, und die richtige Schreibung wäre eigentlich *Guglupf*. Jedenfalls ein uralter Name. Josef II., der Sohn Maria Theresias, ließ bekanntlich in Wien ein „Allgemeines Krankenhaus" bauen, an dem die Stadt noch heute laboriert. Ganz in der Nähe ließ er einen runden Turm für Geisteskranke errichten, der wegen seiner Form sehr bald den Spitznamen Gugelhupf erhielt. Und so sagt man heute noch in Wien von

einem, der sich närrisch benimmt: „Der ghört in Gugelhupf." Hier kann man freilich nicht mehr von einem Vergleichsobjekt sprechen, und der Ausdruck ist auch sicher nicht gaunersprachlich, aber ... ma wird doch noch darüber reden dürfen!
Und nun noch ein paar Gauner-Redensarten, die hierherpassen:

Die Fahne packen = die Schuld auf sich nehmen.
Sich die Söckeln überziagn = sich zum Schweigen entschließen.
Wem am Dampfer setzen = jemandem die Schuld zuschieben.
An Reis straan (Reis streuen) = sich ängstigen, sich anmachen.
Wem die Rippen geben = etwas mit Gewalt erzwingen.

Und als Abschluß eine mehrfach belegte Redensart, bei der der Vergleich zunächst unklar erscheint: An *Ziagl baun* = an einer Orgie mit Gruppensex teilnehmen. Klar wird es sofort, wenn wir *Ziagl* von *Zirkel* ableiten. In meiner Kartothek kommt es viermal vor!

Dialektischer Realismus aus Wien

Ihre Satzlehre und Grammatik hat die Gaunersprache mit dem Wiener Dialekt gemeinsam, und wahrscheinlich interessiert es nicht nur den Wiener Leser, einiges über diesen ostmittelbairischen Dialekt zu erfahren.
Unter anderem ist die Kühlschrank-Eigenschaft des Wienerischen beachtlich, die darin besteht, daß sich uralte Wörter, die dem Hochdeutschen längst abhanden gekommen sind, frisch und munter erhalten.
Wenn ein Mann auf eine Frau *winnig* ist, dann begehrt

er sie. Dieses Wort kommt heute noch im Dialekt in ganz genau der gleichen Form vor, in der es im Wörterbuch des Mittelhochdeutschen steht: *winnec.*

Hühneraugen kann man sich als Wortbildung schwer erklären: Warum sollen diese unangenehmen Zehen-Attribute wie die Augen von – ausgerechnet – Hühnern aussehen? Hier liegt eine komisch-falsche Übersetzung eines Dialektwortes in die Schriftsprache vor: *Heana* ist das Dialektwort für Hühner – aber auch, völlig gleichlautend, für Hörner. *Heanan* bedeutet aber so viel wie aus Horn, und jetzt sehen wir, daß hier eine nahe Verwandtschaft zwischen unseren Hühneraugen und dem hürnenen Siegfried besteht. Es handelt sich also um Horn-Augen.

Wer in Wien mit irgendeinem Gut verschwenderisch umgeht, der *tuat urassen.* Dieses Wort findet sich sonst nirgends, der *tuat urassen.* Dieses Wort findet sich sonst nirgends im gesamten deutschen Sprachgebiet. Nur im Gotischen, in einer Sprache, die vor mehr als tausend Jahren ausgestorben ist, da findet sich das Wort *ufarassus* für Verschwendung. Daß sich das gerade im Wienerischen gehalten hat …

Jede Art von Einbuchtung heißt in Wien *a Waa* (nasaliert gesprochen). Wieder hilft uns das mittelhochdeutsche Wörterbuch weiter: *wuone* wird dort mit *Loch im Eis* übersetzt. Da ist das hochdeutsche Wort *Delle* schon viel leichter zu erklären: es hängt mit dem Wort *Tal* zusammen.

Wampen ist ein Synonym für Bauch. Schon wieder eine Wortgemeinschaft mit dem Gotischen und dem Althochdeutschen.

Wamsen als Zeitwort führt uns wieder in gaunersprachliche Gefilde:

„Der hat mi verwamst, der wird hamdraht", hörte ich einmal unheilvoll von einem bekannten Messerstecher, und ich war dabei, als die Funkstreife ihn und seinen „Verwamser“ noch rechtzeitig trennen konnte. *(Verwamsen*, auch *verwamschen* = denunzieren, verraten). *Einiwamsen* heißt aufdrängen, zuweisen, und alle diese Wörter haben mit dem jiddischen *mamsen* und *wamsen* zu tun: lügen, verraten.

Übrigens: *hamdrahn* ist ein neueres Gaunerwort für umlegen, ermorden, und die Metapher ist makaber bildhaft: *jemanden nach Hause drehen* hat doch fast einen poetischen Klang!

Mittelhochdeutsch *mahse* wird mit Fangschlinge übersetzt. Eine ähnliche Bedeutung hat das Wort *Maxen* heute noch bei älteren Wienern, bei den jüngeren (und bei den Gaunern) heißt es Geld. Angeblich kommt diese Bedeutung aus Bayern, wo mehrere Münzen das Bild von König Max trugen.

Vielleicht gehört hierher auch noch das Wort *penzen,* das am ehesten mit „inständig und lästig betteln, um etwas bitten“ zu übersetzen ist. Für die Etymologie zwei Erkärungen zur freien Wahl: In einem altbairischen Wörterbuch findet sich ein mittelhochdeutsches Wort, *pensen,* und das soll auf ein angelsächsisches *bensjan* = flehen zurückgehen.

Phantasiereicher, wenn auch kaum belegbar, ist die Ableitung des Wortes aus dem jiddischen Rotwelsch. Demnach soll *benzen* oder *penzen* von *benschen* kommen, was segnen, beten bedeutet, und dieses Wort ist eine Verballhornung von lateinisch *benedicere,* also segnen.

Wußten Sie übrigens, daß es auch noch andere jiddische Wörter gibt, die nicht aus dem Jiddischen kommen? Zum Beispiel: *eppes* = etwas, *dormen* für schlafen (französisch dormir), *Mamme* = Mama und *Tatte* = Vater (althochdeutsch Atta); wahrscheinlich auch *nebbich,* ein Wort, das auch die Wiener Gauner benützen und das angeblich von der Redewendung „nicht über mich (soll es kommen)“ herstammt. Die Bedeutung ist klar: „nun, wenn schon!“; als eingefügtes Wort vermag es eine Aussage sogleich in Frage zu stellen: „nebbich ein gescheiter Mensch!“ Der *Nebbich* ist ein Dummkopf, ein Nichts, eine Nebenfigur. Steigerung ist möglich: *A Nebbichl.*

Aber da bin ich wieder einmal vom Hundertsten ins Tausendste geraten. Zurück zum Wiener Dialekt.

Er ist der einzige Dialekt, in dem es eine Mehrzahl von eins gibt.

„Ich brauchert Erdäpfeln – ham S' aa?“ fragt der Wiener seinen Greißler (Lebensmittelkleinhändler), und das ist wörtlich nicht übersetzbar, weil man nicht „eine“ sagen kann, sondern bestenfalls: „Haben Sie welche?“

Und mit dem Wort *Greißler* können wir das Kapitel über die Kühlschrankfunktion abschließen; denn das zugrundeliegende Wort *gruz,* das mit Gries verwandt ist und soviel wie Korn bedeutet, gibt es auch nur noch im Wörterbuch des Mittelhochdeutschen und im Wiener Dialekt.

Ein Cabaret-Vortrag als Übungstext

Meine lieben Schülerinnen und Schüler! Im Rahmen meiner Vortragsreihe über den Wiener Dialekt kommen wir heute zu einem Übungsstück mit dem Titel: Der vurnehme aGaraf und die aGaräfin. Beachten Sie die Aussprache! Die Gaumenlaute, die Palatale, haben sehr oft einen kurzen Anlaut, der sich wie ein kleiner Rülpser anhört: aGaraf, aGaräfin, das sogenannte Alpha viennense, nicht zu verwechseln mit dem lateinischen Alpha privativum. Sie alle kennen die Wendung:

ageh wui, ageh wusch! Die hochdeutsche Übersetzung lautet: Welche Überraschung!
Aber nun zum Lesestück: Der vurnehme aGaraf packte die aGaräfin bei der Huastn. Die Huastn, das ist ein gaunertümlicher Ausdruck für den Hals, auch Gnack genannt. Es gibt auch Leute, die sagen Genick. Lateinisch collum, colli, damit sich's die Ausländer leichter merken können. Die wunderschöne aGaräfin stieß daraufhin die waidwunden Worte aus: „Bist d' angflaschelt, du Sandler?" Damit wollte sie andeuten, daß sie Zweifel an der gräflichen Nüchternheit hegte. Aber der aGaraf ergriff sie ungerührt bei die Widln, einem Wort aus dem Altbairischen, das soviel wie Garn oder weiblicher Kopfputz bedeutet, riß ihr den Pepi vom Haupte – der Pepi ist bekanntlich die Perücke, die was auch Gräfinnen sehr gerne tragen – und schleuderte das blaublütige Weib mit dem Fetzenschädel, lateinisch caput, capitis, dem Kopf, gegen die Burgmauer, sodaß die Ahnenbilder ins schebbarn begannen.
Verweilen wir kurz bei dem Wort schebbarn. Wir kennen es als Zeitwort, als Ferbum (ein Ausdruck, der sich von der Färbergasse im ersten Wiener Gemeindebezirk ableitet). Dann heißt schebbarn: ein Geräusch erregen. Wir schreiben es mit seinem vorne sehr harten scheb – hinten mit einem weichen barn und konjugieren: ich schebbare, du schebbarst, er schebbart, wir schebbarn, ös schebbarts, sie machen einen Patzen Wirbel.
Als Hauptwort kennen wir nihilotrotzquam eine ganz andere Bedeutung: Die Schebbarn ist eine Dame in mittleren Jahren.
Mir merken sich – bitte, beachten Sie hier die slawische, tschechische Reflexivkonstruktion: nicht „wir merken uns", sondern: „mir merken sich". – Also: Mir merken sich als Übungsbeispiel: Di oide Schebbarn kann mi bugelfinferln, was soviel heißt, als daß uns die

ältere Dame den oberen Rücken herunterrutschen kann.
Aber weiter im Text. An der Wand zum schebbarn begonnen hat in Wahrheit der Kanarienvogelkäfig, aber die Ahnenbilder hören sich halt besser an.
Die furnehme aGaräfin stieß einen füachterlichen Schrei aus, sodaß der furnehme aGaraf in Saft geriet und brüllte: „Du Hatschn, du Schlampn, du Zuaspeißgfrast, du Raupfangtauubn."
Sie aber sagte schlicht: „Du Ruabnzuzler!"
Solche und ähnliche Epitheta ornantia bitte ich zu sammeln und auswendig zu lernen. Sie werden sie bei Ihrem nächsten Kampf um einen Parkplatz dringend benötigen. Und nun der Schluß des Textes:
In diesem Augenblick läutete die Klingel, was bedeutet, daß einige Leute geklingelt haben. Als es sich herausstellte, daß es zwei Kieberer waren, die das Pärchen müllisieren wollten, richtete der vornehme aGaraf, der in Wahrheit Ferdinand Mutzenbichler hieß und den ehrsamen Beruf eines Zuhälters ausübte, zum letzten Mal das Wort an seine Dame und sagte einen Satz, den ich zum Abschluß meiner heutigen Unterrichtsstunde zuerst in seiner schriftdeutschen Version zitiere: „Ich werde die beiden Wachebeamten zum oberen Teil eines Doppelfensters hinaushalten, sie dabei dergestalt behandelnd" – eine Gerundiv-Konstruktion –, „daß sich diese Strolche in Herren-Reform-Unterhemden verwandeln."
Und nun dieser umständliche Satz in seiner knappen, originalen mittelhochhernalserischen Form unter Berücksichtigung der zweiten Simmeringer Lautverschiebung: „De zwa Zangler halt i bei der Oberliachten ausse und zreiß die Pülcher auf a Netzleiberl!"
Vergleichen Sie: Der Dialekt wird einen Tatbestand immer viel präziser und treffender schildern, als dies die schwerfällige Hochsprache vermag.

PS. Verehrter Leser, der Sie nicht aus Wien sind! Das eben gelesene Kapitel könnte Ihnen kraus und seriell vorkommen und fällt stilistisch aus dem Rahmen. Es ist aber die fast wörtliche Wiedergabe eines kabarettistischen Vortrags, den ich nicht nur einem normalen Wiener Publikum, sondern auch etliche Male einem exklusiven Ganovenkreis vorhüpfen durfte, wo ich auf besonders wohlmeinendes Verständnis stieß. Daraus leite ich die Berechtigung ab, ihn auch in dieses Werk aufzunehmen, zumal ich dabei noch einige Gaunerwörter erklären kann.

Angstraat, angflaschelt, anghiaselt – betrunken.

Anhiasln heißt aber auch ansteichen, schminken und ist in allen Rotwelschbüchern zu finden. Etymologie ungeklärt, mit Matthias dürfte es kaum etwas zu tun haben.

Weitere Umschreibungen für überstarke Promillisierung: *fett, antschechert* (siehe tschechern), *anxoffen wia r a Häusltschik*, also vollgesogen wie ein Zigarettenrest in einer Toilettemuschel (besonders bildkräftige Formulierung!).

Es gibt auch ein interessantes Wort für Schnaps: *Brompfn*. Zugrunde liegt das Wort Branntwein, das seinerzeit sozusagen „jiddifiziert“ wurde.

Zuaspeisgfraßt kann nur schwer übersetzt werden; Gfraßt kommt von Fressen – und bedeutet Gesindel.

Raupfangtaubn: Eine Taube, die sich längere Zeit in einem Rauchfang, einem Schornstein, aufgehalten hat, sieht sicherlich nicht sehr repräsentativ aus.

Ruabnzuzler: Würde man dieses Wort für norddeutsche Leser mit „Möhrensauger“ umschreiben, es wäre eine zwar wörtliche, aber sinnwidrige Übersetzung. Richtig muß es nämlich *Gruabnzuzler* heißen, und das ist eine Berufsbezeichnung. So hießen im alten Wien die ehrenwerten Männer, die die Senkgruben ausleerten, aussaugten, eben – auszuzelten *(zuzeln* = lutschen, saugen).

Kleine Nachlese

Meine Zettelkartothek enthält noch einige Wörter, die ich bei meinen Beispielen nicht unterbringen konnte; darf ich dem verehrten Leser zumuten, eine Auswahl von Skurrilitäten und Raritäten ohne Reihung und ohne System aufzusagen?

Anschlagen: Darunter versteht man den Trick, beim Wechseln eines größeren Geldscheines mehr als die gebührende Wechselgeldsumme zu erbeuten. Das kann auf sehr verschiedene Arten geschehen, und es gibt Ganoven, die allein von dieser Tätigkeit leben. Man behauptet, zu wenig herausbekommen zu haben, und zählt mit beleidigter Unschuld die Geldscheine vor – dabei hat man längst zwei oder drei verschwinden lassen. Oder man zieht den zum Wechseln vorgelegten Schein wieder zurück, behauptet aber fest und steif, daß der Kaufmann ihn schon in die Kassenlade gelegt hat. Es gibt aber auch das räuberische *Anschlagen:* Man legt den großen Schein vor, läßt sich herausgeben und verläßt dann eiligst das Geschäft unter Mitnahme sämtlicher Geldscheine, wenn nötig mit Gewaltanwendung. Im Vorkriegs-Wien war der *Schülfer-Edi* eine Berühmtheit, weil er zehnmal dieses Delikts angeklagt war und jedesmal aus Mangel an Beweisen freigesprochen wurde. Sein Spitzname kommt von dem Ausdruck, der heute in Vergessenheit geraten ist und durch *anschlagen* abgelöst wurde. Früher hieß der Geldwechselbetrug nämlich *schülfern, schilfern* oder *chilfenen,* was sich mühelos von einem jüdischen *chalfan* = Geldwechsler ableiten läßt.

Ein *Persch* – oder auch *Bersch* – ist ein Raufbold, ein Gewalttäter. Vielleicht ein abgelauteter „Bursche"? Auch soll es ein jüdisches Wort *boresch* geben, das mit Flegel zu übersetzen wäre.

Fechten ist ein altes Gaunerwort für betteln. Bei *Siegmund A. Wolf* findet sich eine logische Erklärung: Rudolf II. verlieh der Gesellschaft der Freifechter, die von ritterlichen Fechtvorführungen leben wollte, ein Wappen. Trotzdem mußten diese handwerklichen Fechtbrüder ihr Leben als Wanderbettler fristen, da ihre Versuche, alte ritterliche Traditionen neu zu beleben, kläglich scheiterten.
Hasard ist natürlich ein französisches Wort und wäre richtig mit Zufall zu übersetzen. Der Wiener Gauner verwendet das Wort nur in der Bedeutung Streit: „Mit dem hob i an Hasar ghobt." Nebenbei: von sechs befragten Personen wußte nur eine die Grundbedeutung und Herkunft.
Kalfakter ist ein Häftling mit Funktion; um eine solche zu erhalten, muß man mit den Wärtern gut sein, was natürlich die Zellenkollegen ärgert. Daher ist ein Kalfakter auch eine Beschimpfung und enthält den Vorwurf der Charakterlosigkeit. Ein Gaunerwort aus dem Lateinischen: *calefacere* = heizen, ursprünglich also: der heizende Häftling.
Ein *Kas* ist ein Aufseher. Wenn rotwelsch, dann von *chess* = kess, frech, herrschsüchtig. Für Österreich gibt es eine lustige Etymologie: *K*aiserlich-*k*öniglicher *A*rrest-*S*chließer – die Anfangsbuchstaben würden ein Wort ergeben, das mit einem Doppelkonsonanten beginnt: Kkas. Davon sprach ich in einer Hörfunksendung, die einige Zuschriften auslöste: demnach durfte es nicht Arrestschließer, sondern müßte es Amtssoldat heißen, weil die Justizbeamten ursprünglich vom Militär gestellt wurden. Ein anderer Briefschreiber erklärte das Wort durch den Dialektausdruck Kas (Käse), weil das Silberpapier, in das Käse früher verpackt war, an die Silberborten am Aufschlag der Uniform erinnerte; daher wurden die Aufseher auch *Stanniolkas* genannt.

Der is mir noch zwa Fetzen keif = Der ist mir noch zweitausend Schilling schuldig. *Keif* gilt als Dialektwort, ist aber nur mit rotwelschen Wurzeln verständlich; *chow* ist ein jiddisches Wort für Schuld, und *chajow* war der Schuldner.

„Kniaschützer hat er acheln müassn": eine witzige Umschreibung für verbüßte Haftzeit. Ein bemerkenswerter Vergleich zwischen den halben Hörnchen (Teigwaren) und den Knieschützern der Hockeyspieler! *Acheln* (essen) hatten wir schon.

Morastl, Ungustl und *Umurken* sind drei Ausdrücke für unsympathische Menschen. Ihnen liegen vermutlich ein Morast, ein ungustiöser Mensch und eine ungarische Gurke – *uborka* – zugrunde.

Einer, der flüchtet, geht *päule* oder er *pallisiert*. Hier gibt es mehrere unbefriedigende Erklärungen: jiddisch *polit* = Entsprungener scheint weit hergeholt, noch weiter lateinisch *vale*. Vielleicht von einem zigeunerischen *pal* = hinter, davon. *Päule machen* heißt zechprellen, *päule haun* ist eine Umschreibung für die gewaltsame Entfernung eines unerwünschten Gastes aus einem Lokal. In einem deutschen Rotwelschbuch finden wir *paule* mit „zurück, wieder" übersetzt, und auch dort wird das Zigeunerische als Quelle angegeben. Wollen wir's dabei bewenden lassen.

Wenn einer gestorben ist, dann ist er *maukas*. Dazu finden wir bei Wolf eine jiddische Form *mocho*, und das heißt: er hat ausgelöscht. Oder *maukas* ist ein normales Dialektwort, das zu mittelhochdeutsch *Müche* = Pferdekrankheit gehört.

Husselfetzer ist ein Wort, das heute noch von einigen alten Bauern im Waldviertel gebraucht wird; und zwar sind das Leute, die von Wandermusikern abstammen und von denen ein mir bekannter Wiener Arzt einige reine Rotwelschwörter erfahren hat, die immer noch lebendig sind. Husselfetzer sind Geigenspieler, und die Etymologie ist nicht schwer zu klären: *housle* heißt auf tschechisch Geige, und das Wort *Fetzer* ist im deutschen Rotwelsch häufig und soll mit lateinisch *facere* = machen zusammenhängen. Ein hübsches Beispiel für eine tschechisch-gaunerische Wortkombination.

Das Verbum *dibbern*, sprechen, hat die gleiche Wurzel wie der *Baldower: dawar* oder *dowar* = das Wort, *medaber* = sprechen. Ich erinnere mich, daß ich einem alten Vagabunden gegenübersaß und versuchte, ihm zu erklären, warum ich Gaunerwörter sammeln wollte. Dabei geriet ich ins Stottern, und er sagte mir beruhigend und gütig: „Tuan S' Ihnen nur ausdibbern." Auch später fand ich dieses seltene Rotwelschpflänzlein noch ein paarmal vor. Man kann also ruhig darüber dibbern.

Deissen hörte ich nur zweimal. Aber im Jiddischlexikon steht es ohne Fragezeichen: *deissen* heißt töten.

Der Tschecherantendoktor erzählte mir von einem Gangster, der vor jedem „Unternehmen" einen Astrologen befragte und fürstlich honorierte. „Wann der Sterndeuter gsagt hat: Des is Kischef, hat er safuat aufgebn."

Kischef kann man mit Pech, schlechte Vorbedeutung oder auch Schicksal übersetzen. Es kommt von jüdisch *kischef* = Zauberei. Bei *Weinberg* finde ich: Kischef ist kein *Ketowes*, das heißt: Zauberei ist kein Witz. Und mit diesem Problem beschäftigen sich heute schon wieder mehrere Lehrstühle für Parapsychologie.

Flebben, Fleppen sind gefälschte Papiere, *Flebbenfackler, Flebbenfetzer* sind ihre Hersteller.

Ed ist ein falscher Zeuge, der gegen geringe Gebühr jeden Meineid schwört. Vor einem Gerichtsgebäude in einem südamerikanischen Staat fand ich noch 1956 eine Gruppe von Männern, die mein Begleiter, ein Ex-Wiener, launig als „lauter Edes" qualifizierte. Hat

nichts mit dem Vornamen Eduard zu tun, sondern kommt aus dem Jüdischen: *ed,* der Zeuge.
Jetzt noch ein altes Wort mit neuer Bedeutung: *stapeln.* Es steckt im Hochstapler und bedeutet wandern, herumziehen, im 18. Jahrhundert bereits betteln. Heute meint man mit *stapeln* in Wien die Tätigkeit der schon erwähnten Privatdozentinnen, die aus dem eigenen Wagen ihre Kunden ansprechen und einladen. Da schwingt die Bedeutung des Hochstapelns mit, da der eigene Wagen meistens dem Lehensherrn, dem Ludwig, gehört.

Verabschiedung

Während meiner emsigen, vielfältigen und sehr abwechslungsreichen Forschertätigkeit habe ich einzelne Ergebnisse und Teile meiner Arbeit von „Fachleuten" kontrollieren lassen. Sie haben die Ausführungen stets äußerst widersprüchlich aufgenommen. Da waren zwei Herren Ganoven, die mir versicherten, daß „alles a Holler" wäre, also ein Blödsinn. Es gebe keinen Unterschied zwischen dem Wiener Dialekt und der Gaunersprache, weil die wenigen echten Gaunerwörter eh schon von jedermann verwendet würden und die von mir zitierten ganz alten Ausdrücke längst vergessen seien. Aber gerade das war ja ein Anreiz für mich: solche Wörter in der heutigen Sprache aufzufinden und zu erhalten.
Ob das wirklich sinnvoll war, darüber kann sich jeder seine eigene Meinung bilden.
Dann waren da die anderen Fachleute (man beachte die Weglassung der Anführungszeichen!), die Germanistenkollegen. Sie bekrittelten den mangelnden Ernst und die Ungenauigkeit, ganz abgesehen davon, daß sie

bei der Etymologisierung fast immer gegenteiliger Meinung waren.
Man kommt natürlich sicherer voran, wenn man ein Thema behandelt, bei dem es umfassende Vorarbeiten gibt. Aber hier mußten die meisten Grundlagen erst erarbeitet werden; denn die, die es wirklich wissen müßten, die Herren Galeristen, die haben keine Bücher geschrieben, teils weil sie früher des Schreibens nicht mächtig waren, teils weil sie noch heute Wichtigeres zu tun haben, als brotlosen Künsten nachzugehen.
Daher wird das echte, unantastbare und völlig richtige Buch über irgendeine Gaunersprache nie geschrieben werden, denn bei all den vielen Befragungen und Debatten mit den Herren Gaunern blieb ja doch immer eine Kluft, ein Abstand, der auch mit viel Alkohol und menschlichen Bemühungen nicht zu überbrücken war.
Aber ebendiese Kluft ist für mich ein Beweis, daß es auch in der klassenlosesten – wenn dieser Superlativ gestattet ist –, in der klassenlosesten Gesellschaft immer eine Gruppe geben wird, die eine Klasse bildet, außen steht, neben den anderen, und die deshalb anders denkt als die anderen. Und wer anders denkt, der spricht auch anders. Aber jetzt verliere ich mich in Überlegungen, die man nur mit sehr vielen aus dem Griechischen stammenden -ologien richtig bezeichnen kann, und das will ich nicht.
Ich will überhaupt nicht mehr theoretisieren. Ich will mich verabschieden.
Genug mit Selbstkritik. Wenn sie abfällig ist, erzeugt sie Komplexe, wenn sie positiv wird, kommt es zum Eigenlob.
Und das verdiene ich bei aller Bescheidenheit wirklich nicht.

REGISTER

		Seite
Boß	Chef, Häuptling	44, 45, 46, 80
Bre	Hut	60
Bredullje	unangenehme Lage	82, 83
Briaftaubn	Briefträger, Postbote	94
Broche	Segen	19, 20, 36
brojges, breuges	zerstritten	32
Brompfn	Schnaps	102
Brüller	Brillant, Edelstein	90
Buserant	lästig fordernder Homophiler	28
Buserer	Stoß	58
chaddisch	neu	30, 32
Chalen	Fenster	30, 32
Chammer	Kerl	66
Chaver	Freund	40
Chavrusse	Gruppe von Kollegen	30, 32, 40, 66
Chochem	Fachmann, Tüftler	58, 59, 66
chochmezen	philosophieren	59
Chonte	leichtes Mädchen	27, 66, 75
Chunne	Dirne	75
Cognacpumpe	Herz	94
dalfenen	betteln	30, 32
Dampfer setzen	jemandem die Schuld zuschieben	96
darchenen	betteln	21, 31, 32
deissen	töten	33, 106
Derling	Würfel	61, 62
dibbern, ausdibbern	(be)sprechen	33, 34, 106
dormen	schlafen	98
Drahdiwaberl	eigentlich „Dreh dich, Barbara", Rundfräse-Schweißgerät	80
Drescherl	Arbeitshaus	63
dufte	gut	89
Düsen	Hut	60
Ed, Mz. Edes	(falscher) Zeuge	106, 107
Emmes	Wahrheit, wahr	33, 34
eppes	etwas	98

		Seite
Ezze, Mz. Ezzes	Ratschlag	33, 79
Ezzesgeber	Berater	15, 16
Faden	Kälte	48
Fahne packen	Schuld auf sich nehmen	96
Fahrer	Schnitt (mit dem Messer)	91
Falott	Gauner	52
fechten	betteln	104
Fensterschwitz	Bierrest im Glas	30
Fettn	Gefängnis, Fälschung	63
Fetz(e)n	Rausch, Tausenschillingschein, Dirne u. a.	27, 37, 49, 56, 60, 105
fingerprinten	Fingerabdrücke herstellen	80, 81
Fisimatenten	Umstände	82, 83
Flachling	Teller	90
fladern	stehlen	55
Flammenwerfer	Feuerzeug	94
Flammoh	Hunger	78
Flebben, Fleppen	gefälschte Papiere	33, 106
Flieder	Geld	47, 62
Flitscherl, Flitschn	leichtes Mädchen	27
Flossertgreifer	Wasserschutzpolizei	90
Frankist, Frankfurter	Nicht-Galerist	14, 15, 72, 74, 79
fuxen	kupfern, golden	34
Fuxmurrer	Diebsbeute	34
Fuxnmalochner	Juwelier	33, 34
Gagire	Spur	75
Gajer	Hehler	11, 33, 63
Galerie	Gesamtheit der Gauner	8,9, 10, 28, 57, 70, 87, 92
Galerist	Gauner	9, 33, 34, 35, 49, 56
Ganeff	Gauner	67
garnieren	stehlen	94
Gashaxn	Einbruchswerkzeug	80
Gelef, Kelef, Gälif	Hund (Schimpfwort)	33, 66
Geresch	Dokument	76
Gerschtl	Geld	56

		Seite
Gewure	Kraft	75
Ghazter	Homosexueller	27
gicksen	ausrutschen	58
gneißn	erkennen, wissen	49
Goda(r)	Taschenuhr	30
Gscherter	einer vom Land	56
Gschlitzter	Taschenaufschlitzer	85
Gschpaßlaberl(n)	Busen	27
Gschtauchter	kleinwüchsiger Mensch	85, 87
Gschwuf	Freund, Anbeter	20, 51
Gsiberl	Nachricht	89
Guckspritzer	Schaufenster-Einbrecher	30, 89
Gugelhupf	Irrenhaus	95, 96
Haberer, habern	Freund, essen	30, 33, 39, 40, 44, 63
Habsburger	Falschspieler	61
Hack(e)n	Beschäftigung	42
hackenstad, hackenskat	arbeitslos	61
Hadern	Lumpen, Spielkarten	49,60, 61, 84
Häfen, Häfenbruader	Gefängnis, -insasse	8, 77, 89
Hals- und Beinbruch	Glückwunsch	18
hamdrahn	töten	98
Hänfling	Seil	90
Hansl	Bierrest im Glas	23, 30, 93
Hardex	Fluch, Ausruf	54
Hasard	Streit	104
Hatschen	leichtes Mädchen, hinken	27
Hess, blinder	schlecht sehender Mensch	48
Hex	Polizeiaufsicht	76
Hitzling	Ofen	90
Höh	Polizei	12, 62, 88
Huastn	Genick	100
Hü(l)se(n)	Hut	60
Hurcherl	Abhörmikrophon	80
Husselfetzer	Geiger	33, 105, 106
Jaß	Könner, Koryphäe	43, 44

		Seite
Rippen geben	mit Gewalt erzwingen	96
Rotwelsch	Gaunersprache	16
Rotzbua, Rotzpipn	Beschimpfung	52
Ruabnzuzler	Beschimpfung, eigentlich Jauchegrubenreiniger	101
Rutsch		19
Sabler	Messerstecher	91
sabralisieren	wegnehmen	81
Sandler	Faulpelz	77
Sargnagel	Zigarette	19, 78
Sarsur	Unterhändler	34
sassern, aussassern	verhandeln, ausdenken	34
Saures (gib ihm)	Schwierigkeiten	90
Scha	Taschenuhr	30
Schab	Beute	43
Schäkel	Essen	32
Scharfnehmer	Erpresser	65
scheangeln	schielen	87
Schebbarn	altes Weib	100
Scheich	reicher Mann, prominenter Gangster	95
Schiaßling	Schußwaffe	91
Schickse	Braut, Dirne	27
schilfern, schülfern	betrügen beim Geldwechseln	103
Schinakel	Boot	55
schkat, skat	leer, frei, weg, ohne	61
Schlampen	liederliches Weib	27
Schlapfen	liederliches Weib	27
schlicken	schlucken	78
Schlieberer	Taschendieb	36, 59, 81
schmähstad, schmäkskad	ohne weiteren Einfall	61
Schmattes	Trinkgeld	56
Schmier	Polizist	62
Schneider	Fachausdruck beim Kartenspiel	60
schocher	ohne Geld, pleite	30
Schöm, Schölm, Schem	(falscher) Ausweis	33

		Seite
Tschillesgänger	Dämmerungs-Einbrecher	32
Tschinellen	Ohrfeige, Musikinstrument	55
tschinkwe	schlecht	52
Tschob, Job	Arbeit	80
Tschoch	Kaffeehaus, schwere Arbeit	13, 57
Tschocherer	Einbruchsgerät	13
Tschumpus	Gefängnis	48
Tschusch	Ausländer vom Balkan	50
Tunte	Homosexueller	28
Umurken	häßliche Person	105
Ungustl	häßliche Person	105
urassen	verschwenden	97
Ura-Ura	Uhr	81
Verdrahrer	Hehler	63
verkehrtscheiben	krumme Wege gehen	58
Waa	Einbuchtung, Delle	97
Waggaun, Waggon	Raum für Einvernahme	15, 68, 80
Wampen	Bauch	97
wamsen	verraten u. a.	97
Wasserer	Wagenwäscher	40
Weh	Opfer, ausgenützter Mensch	85
Wiggerl	Zuhälter	94
winnig	geil, gierig	96
Wüdln, Widln	Haare	22
Zangler	verhaftender Beamter	12, 66
Ziagl baun	Orgie veranstalten	96
Zigeunerfeuer	eine Zigarette mit einer anderen anzünden	94
Zimmerwanzen	Geheimmikrophon	94
Zores, Ez. Zore (fem)	Sorge(n)	23, 33, 90
zuadrahn	Kartenspielausdruck	60
Zuagmachter	Klappmesser	94
Zund	Nachricht, Hinweis	87
Zwangler	Zwangsneurotiker	94